财会类核心课程教学案例丛书

财务会计案例

解析与训练

鲍新中　丛书主编
陈　华　崔　婧　孟　杰　编著

電子工業出版社
Publishing House of Electronics Industry
北京 · BEIJING

内 容 简 介

本书分为案例解析篇、综合案例训练篇和拓展阅读篇，共15章，主要涵盖存货、应收账款、股权投资、研发费用资本化、关联方交易、商誉、收入、投资业务、外汇业务、融资租赁、资金核算、固定资产、应交税费、或有事项、政府补助、非经常性损益等各方面的实务案例分析。在铺垫理论知识的同时，将理论知识通过案例研究运用于不同商业环境下的企业实践，使读者在掌握理论知识的同时，提高对中国企业经营状况、公司治理、经营环境等内外部因素的认识与理解，培养对财务会计问题的分析、判断和决策能力。

本书适合作为会计学专业硕士及相关经济学、金融学等商科专业的教材，也可作为实务工作者的参考用书。

图书在版编目（CIP）数据

财务会计案例：解析与训练 / 陈华，崔婧，孟杰编著. — 北京：电子工业出版社，2022.6
ISBN 978-7-121-43693-2

Ⅰ. ①财… Ⅱ. ①陈… ②崔… ③孟… Ⅲ. ①财务会计－高等学校－教材 Ⅳ. ①F234.4

中国版本图书馆 CIP 数据核字（2022）第 095472 号

责任编辑：石会敏　　特约编辑：田学清
印　　刷：北京七彩京通数码快印有限公司
装　　订：北京七彩京通数码快印有限公司
出版发行：电子工业出版社
　　　　　北京市海淀区万寿路 173 信箱　　邮编：100036
开　　本：787×1092　1/16　　印张：10.25　字数：210.6 千字
版　　次：2022 年 6 月第 1 版
印　　次：2023 年 9 月第 2 次印刷
定　　价：39.00 元

凡所购买电子工业出版社图书有缺损问题，请向购买书店调换。若书店售缺，请与本社发行部联系，联系及邮购电话：（010）88254888，88258888。

质量投诉请发邮件至 zlts@phei.com.cn，盗版侵权举报请发邮件至 dbqq@phei.com.cn。

本书咨询联系方式：shhm@phei.com.cn。

丛书总编简介

鲍新中，北京联合大学管理学院教授，会计学科带头人，创新企业财务管理研究中心主任，博士，北京市高校教学名师，北京市长城学者，“北京市师德先锋”称号获得者，中国注册会计师协会会员，《国际会计前沿》杂志编委。主持国家社会科学基金、省部级课题、北京市教委教改课题，以及企业委托课题数十项。在 SCI、EI 国际期刊及《中国管理科学》《系统管理学报》《科学学研究》《管理学报》等国内专业学术期刊发表论文一百余篇，主编或参编著作及译著十余本，2005 年和 2011 年作为高级访问学者两次在美国得克萨斯大学阿灵顿分校（The University of Texas at Arlington，UTA）进修并从事研究工作。主要研究方向包括知识产权融资、供应链融资、财务风险管理等。

作者简介

陈华，女，博士，北京联合大学副教授，硕士生导师，企业社会创新与绿色经济研究中心副主任，主讲课程：会计学、中级财务会计等。研究方向：社会责任会计、碳会计。近年来，先后在《会计研究》《会计与经济研究》等核心期刊上发表论文 20 余篇，出版专著 2 部，主编及参编教材 5 部，参与及完成省部级科研项目 4 项、企业事业单位委托课题 3 项。

崔婧，女，博士，北京联合大学副教授，硕士生导师。主讲课程包括中级财务会计、财务会计、基础会计等。近年来主持北京市社科基金青年项目 1 项、北京市教委科研计划一般项目 1 项，参与国家级、省部级等课题研究，在 SCI、CSSCI 和北大核心期刊发表高水平论文 20 余篇。

孟杰，女，博士，北京联合大学讲师。主讲中级财务会计、财务会计理论与实务（MPACC）等课程。研究方向：会计理论与实务、公司治理。在国内外期刊发表高水平论文多篇。

总　序

随着我国高等教育从精英教育向大众化教育的快速过渡，通识教育受到了我国教育界的广泛重视。实际上，通识教育的理念在我国由来已久，孔子曰“君子不器”，庄子曰“判天地之美，析万物之理，案古人之全。”，这些都是明证。现代大学之父威廉·冯·洪堡也曾明确指出：“大学应实施通识教育，而不应涉足职业教育。”而哈佛大学的“自由教育”——在自由探究精神指导下的不预设目标、不与职业挂钩的教育，也是其在近400年中一直坚持的一个理想，“尽管在越来越世俗化和功利化的今天，这种坚持已经变得越来越艰难。”

在大学教育中加强通识教育已经越来越成为研究型大学的共识，而以培养应用型人才为主的地方本科院校，以及以培养高层次应用型专门人才为目标的专业硕士教育，由于专业教育事关学生的就业，因此可能出现“以专业教育为主，以通识教育为辅”的主次关系。事实上，专业教育和通识教育是共生的，是相互补充、交融的。哈佛通识教育委员会主席哈里斯指出：“自由教育的特点是又宽又深。所谓宽，是指教给学生的整个知识范围‘宽’；所谓深，则意味着要深入各个专业，每门课都讲究深度。”专业教育致力于培养学生对某一学科的深入理解，这是专业化时代的要求。只有当一个人深入钻研某一复杂学科之后，才能学会分析问题，才能合理地解决问题，才能明白真正的智力探究与探索是什么意思。即使一个人在学生时代选择的专业与他未来的事业之间毫无关联，或者 20 年后将所学的专业知识全部忘光，但是他至少懂得精通一门专业是怎么回事。从这个角度来说，专业教育也可以看作广义通识教育的组成部分，专业教育与通识教育并不是相互对立的，而是相互融合的。

秉承“知行思创”的教学理念，北京联合大学创新企业财务管理研究中心在培养财会类本科和硕士层面人才的过程中，在通识教育和专业教育的相互融合方面做出了有益的尝试。“知”即掌握专业知识，获取一张有分量的专业证书；“行”即注重专业实习和社会实践，拥有一段有收获的实践经历；“思”即在专业知识基础上的拓展，拥有一段深入的科学研究体验；“创”即培养创新思维、创新能力和兴趣爱好，获得一张有含金量的竞赛获奖证书。

案例教学是贯彻“知行思创”教学理念的重要手段。在“知”方面，通过案例融合多门课程的内容，促进专业知识的融会贯通；在“行”方面，通过学习来源于教师的专业实践工作的案例，使学生的学习更加贴近实际；在“思”方面，学生通过案例分析，写出具有专业水准的研究报告；在“创”方面，鼓励学生参加专业案例大赛，全面提升实践能力。

经过多年的探索，北京联合大学创新企业财务管理研究中心在高层次应用型人才培养方面取得了一定的成绩，特别是在案例教学方面积累了一定的经验。在2018年的中国大学分专业竞争力排行榜中，北京联合大学财务管理专业在全国505所开设此专业的高校中，名列第29位，被评为五星专业；会计学专业名列第57位，被评为四星专业。会计学学术硕士和会计专业硕士的人才培养成绩突出，培养的研究生大都继续攻读博士学位或进入知名企业工作。研究中心的教师也获得北京高校教学名师奖、北京市优秀教师、北京市长城学者、北京市师德先锋、北京市青年岗位能手标兵、全国高校微课教学比赛二等奖、北京市青年教师教学基本功比赛一等奖等称号或奖项。

以前期的教学成果和研究成果为基础，北京联合大学创新企业财务管理研究中心此次将陆续整理出版“财会类核心课程教学案例丛书”，此套丛书包括六门核心课程的配套案例，即《成本管理会计案例：解析与训练》《财务报表分析案例：解析与训练》《财务管理案例：解析与训练》《财务会计案例：解析与训练》《财务分析案例：解析与训练》《审计案例：解析与训练》。本套丛书可作为高等学校会计学专业、财务管理专业、审计学专业等本科生，以及会计学学术硕士、会计专业硕士、MBA、EMBA等研究生的教学参考书，也可作为工商企业财会人员和企业经营管理人员的自学手册，还可作为企业培训高级财会人才和经营管理人才的参考教材。

案例的运用是高层次应用型人才培养中贯彻通识教育和专业教育相融合的一条有效途径，但是原创案例的编写是一项艰巨且费时的工作。鉴于能力所限，北京联合大学创新企业财务管理研究中心所编写的此套案例丛书难免存在一些疏漏和不足，希望各位专家和广大读者给予批评指正，使之日臻完善。

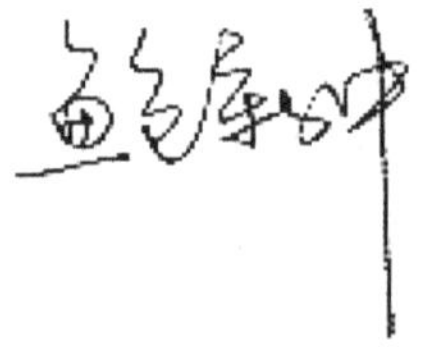

前　言

伴随着资本市场的快速发展与企业经济业务日益复杂化，财务会计作为工商管理课程体系中的主要课程之一，在学科中的重要性愈发凸显。该课程是一门实践性与应用性较强的课程，主要以财务报表各个要素的确认、计量、记录和报告为主要内容，向学生展示会计信息的生成过程及会计信息所体现的价值。开设该课程的目的在于通过财务会计核算知识，培养学生的职业判断能力、社会责任感与职业道德、会计核算与业务处理能力，提高学生的实践和创新能力。

本书的内容涉及面较广，主要涵盖存货、应收账款、股权投资、研发费用资本化、关联方交易、商誉、收入、投资业务、外汇业务、融资租赁、资本核算、固定资产、应交税费、或有事项、政府补助、非经常性损益等各方面的实务案例分析。此种内容设计方式旨在为阅读者提供一个相对完整的理解财务会计在企业与资本市场中作用的分析框架，也希望此种内容设计方式能帮助读者深入理解企业财务处理背后所隐藏的会计准则制定者、企业管理层及投资者之间就会计信息的生成与使用而进行的博弈。

本书的主要特点在于将财务会计的理论与实践有机结合，从《企业会计准则》执行的视角，分析与讨论企业财务会计的确认、计量与信息披露等问题。对于案例分析，一方面，我们提供可能用于分析的相关理论知识和案例提示；另一方面，我们给出案例背景、案例思考问题，描述相关业务处理时企业管理层在《企业会计准则》执行中所面临的压力与约束、机会与挑战，希望能够在会计理论与实务之间架起一座桥梁，也希望读者能够通过学习案例，掌握典型案例财务会计处理的思路与方法，理解不同会计政策选择对企业价值与利益相关者的影响，明白企业相关交易与事项的会计核算与信息披露应该“怎么做”和“为什么”要这么做。

本书分为案例解析篇、综合案例训练篇和拓展阅读篇，共 15 章。在铺垫理论知识的同时，立足中国新兴资本市场，将理论知识通过案例研究运用于不同商业环境下的企业实践，使学生在掌握理论知识的同时，提高对中国企业经营状况、公司治理、经营环境等内外部因素的认识与理解，培养学生对财务会计问题的分析、判断和决策能力。

本书适合作为会计学专业硕士及相关经济学、金融学等商科专业的教材，也可作为实务工作者的参考用书。本书由陈华、崔婧和孟杰共同完成，崔婧主要负责 1～4 章的编写，孟杰主要负责 5～7 章的编写，陈华主要负责 8～15 章的编写，参与本书编写的还有北京联合大学会计学专业硕士研究生黄雅伦、谢晶、张以宁、任盈宇、孙雪萍、叶赏鑫、吕晨媛、郭佳。

目　　录

第一部分　案例解析篇

第二部分 综合案例训练篇

第三部分 拓展阅读篇

第一部分　案例解析篇

第 1 章

BG 股份存货减值吞噬利润的案例

1.1 案例背景

在全球经济复苏动力弱化的大背景下，2020 年中国经济增速趋缓，固定资产投资的增速趋缓，其中制造业投资持续下滑，钢铁市场的分化趋势加剧，以汽车板为代表的板材市场尤为低迷。据统计，2020 年国内的粗钢总产量为 5.8 亿吨，较 2019 年同比增长 10.7%；而在价格方面，钢铁钢材的价格综合指数为 110.6，与 2019 年相比下降了 4.6%，由此说明，钢铁产品购销差价与 2019 年相比显著收窄。2020 年上半年，受钢材市场低迷的影响，钢材产品价格环比大幅下降，但是在原料价格支撑及国家减费降税的影响下，其价格有了小幅回升，6 月初，国内产能释放，钢材产品的价格又一次呈下降趋势。在 2020 年下半年，钢材市场的供应由于钢厂的年修提前略有增长，然而下游市场的需求没有太多增长，出现供求不平衡的现象，导致价格波动较大。总体来说，2020 年 BG 股份的产销规模趋于稳定，但是其面对的不确定因素众多，下游的需求压力未得到缓解，政府对于环保的要求日益严格，使公司在保持制造端顺行和经营业绩优势方面面临诸多的挑战和压力。对此，公司将进一步提升多制造基地的管理能力，挖掘协同效应，保持产能稳定，进一步深挖成本削减潜力，有效对冲内外部经营环境变化，确保各项年度经营目标的实现。根据 BG 股份的年报，2020 年 BG 股份实现净利润 64.59 亿元，每股收益 0.37 元，相比 2019 年下降了 49.2%。而由于铁矿石和钢铁产品价格暴跌，BG 股份 2020 年累计计提资产减值损失达 58.94 亿元，占其利润总额的 72.28%。仅在 2020 年第四季度，存货减值损失就高达 48 亿元。这也导致 2020 年前三季度还盈利 124.9 亿元的 BG 股份，在第四季度亏损 60.3 亿元。

BG 股份是 BG 集团的控股子公司，专门生产高技术含量、高附加值的钢铁产品。BG 集团的主要产品有三个系列：碳钢系列、不锈钢系列及特钢系列。BG 集团还提供船代、货代、铁路发运、仓储、码头装卸等物流服务，并与 ZH 集团等企业进行战略合作，发展远洋运输业务。BG 集团坐落在中国 S 城，一期工程始建于 1978 年 12 月 23 日，于 1985 年 9 月 15 日建成投产；二期工程于 1991 年 6 月正式投入生产；

三期工程于2000年年底全部建成。2000年2月3日，BG集团创立BG股份，同年12月12日BG股份成功上市。BG股份是中国最大、现代化程度最高的钢铁联合企业，也是全球碳钢品种最为齐全、最具竞争力、最具发展潜力的钢铁企业之一。一直以来，BG股份以诚信、人才、技术、创新、管理等优势奠定了其在国际钢铁市场上的地位。坚持走“创新、协调、绿色、开放、共享”的发展之路，使BG股份现在拥有享誉全球的品牌、世界一流的技术和服务能力。BG股份注重创新能力的培育，积极开发应用先进制造技术和节能环保技术，建立了覆盖全国、遍及世界的营销和加工服务网络。而且，其自主研发的新一代汽车高强钢、电工钢、高等级家电用钢、油气管、桥梁用钢、热轧重轨等高端产品处于国际先进水平。BG股份遵循“诚信、协同、开拓，追求企业价值最大化”的核心价值观，谋求与股东、用户、供应商、员工和社会的共同发展。BG股份将按产业化经营发展原则，不断完善勘探、设计、采选、加工、运输、贸易等经营运作功能，构建更为成熟的产业结构，不断提升核心能力，努力成为世界一流的矿产资源综合供应商。

近年来，BG股份与S市政府旗下的公司合资组建了S市钢材交易中心，目的是利用电子商务平台为钢铁企业、贸易商和下游客户提供交易、结算、仓储、物流等全方位的服务。在电子商务飞速发展的背景下，不只是BG股份，钢铁行业的众多公司都认为在钢铁行业中，电子商务极具发展前景，开始积极部署电商平台。在未来的电商领域中，如果钢铁企业能够形成集聚效应，那么谁是领头者，谁就将是行业规则的制定者，如定价、结算及产品规格，进而使现有的行业格局及盈利模式发生重大改变。早在十年之前，BG股份就开始计划电子商务平台的发展，打造了网上钢铁产品实施交易系统——宝时达。现如今的宝时达发展状况良好，有2.36万户有效注册用户，日平均交易量为5000万元。根据战略部署，未来BG股份将形成以IT技术为左翼，电子商务平台为右翼的“一体两翼”的发展新格局。电商平台的出现将会影响钢铁的分销模式，进而影响到钢贸商的利益。要想打造电商平台，就必须要考虑如何分配钢厂和钢贸商的利益，原因有如下两点：一是钢贸商对钢铁进行层层分销，摊薄了钢厂的利润；二是钢贸商从分销商成为代理商需要交保证金，提前给钢厂打款，成为其现金的“输血者”，不仅如此，钢贸商还要承担很多物流服务。因此，如何分配两者之间的利益是至关重要的。但是，打造电商平台的模式并不明朗。对用户来说，如果只是将业务简单地由线下搬到线上可能会造成负担。所以，电商平台的打造能为企业、钢贸商及客户带来什么，是钢厂需要考虑的问题。另外一个亟待解决的问题是怎么实现钢厂之间的跨区域合作。BG股份的电商平台主要布局在有优势的区域，这种布局相对来说是比较可靠的。电商平台的发展对物流配送能力的要求不断提高，若是物流环节出现问题那对电商来说是致命打击。BG股份不仅在中国发展得如火如荼，而且与澳大利亚、巴西、印度、智利和南非等国家的知名供应商建立了铁矿石长期战略合作伙伴关系；BG股份的业务不断拓展，与国内外多家大型生产煤炭的企业建立了战略合作伙伴关系，而且与这些公司合资成立了 4 家公司，其还参股了 6 家煤炭企业；此外 BG 股份还在中国建立了镍铁生产基地，在印度成立了烙铁加工公司；BG 股份的废钢加工生产基地在 S 市、Z 市及 N 市均有分布，S 市地区拆车行业的龙头企业及唯一拥有废旧船舶拆解资质的拆船企业均归 BG 股份所有。

2009 年 1 月，BG 股份荣获中国共产党中央精神文明建设指导委员会授予的“第二批全国文明单位”荣誉称号。自 2015 年至 2019 年，BG 股份连续五年进入世界 500 强。2019 年，BG 股份第三次进入美国《财富》杂志评选的“全球最受尊敬的公司”榜单。2020 年，公司荣获《董事会》杂志社第四届（2019）中国上市公司董事会“金圆桌奖”董事会建设特别贡献奖、优秀董事会称号；中证报、天相投顾第十届（2019 年度）上市公司金牛奖百强、上市公司金牛奖营业收入百强、上市公司金牛奖市值百强；中国上市公司投资者关系管理研究中心 2019 年度中国最佳投资者关系管理百强、最佳 IR 主页奖；世界金融实验室、《世界企业家》杂志、《世界经理人》周刊“中国 50 家最受尊敬上市公司”“2020 年中国上市公司最佳董事会”等诸多奖项。

1.2 案例训练

（1）结合案例说明，资产减值损失对企业的影响。

（2）现行《企业会计准则》下资产减值损失处理、存货跌价准备处理的特征。

（3）结合案例思考上市公司会发生大额资产减值，以及 BG 股份会大额计提存货跌价准备的原因。

1.3 案例提示

本案例旨在让学生熟悉资产减值损失的确定、计提范围及其会计核算，掌握存货跌价准备的计提范围、理论依据及确认因素等，了解资产减值损失对企业的影响，思考为什么上市公司会发生大额资产减值，以 BG 股份为例思考其为什么会大额计提存货跌价准备。

分析思路从如下几个方面展开。

（1）结合案例说明，资产减值损失对企业的影响。

（2）从存货减值损失确定的依据及方法等方面归纳总结新旧《企业会计准则》下资产减值损失处理的区别。

（3）结合案例思考，为什么上市公司会发生大额资产减值，以及 BG 股份为什么会大额计提存货跌价准备。

1.4 案例分析

1. 结合案例说明资产减值损失对企业的影响

资产减值损失成为上市公司2020年的业绩“杀手”。截至2021年4月28日，统计数据显示，上市公司在2020年年报中共确认资产减值损失达3 676亿元，较2019年激增2 210亿元，是导致整体业绩下降的重要因素。已披露年报公司2020年共实现净利润达7 880亿元，较2019年的9 362亿元下降了16%；2020年共确认资产减值损失达3 676亿元，较2019年合计数1 466亿元增加了151%；资产减值损失金额与净利润之比高达47%，上市公司计提的各项资产减值损失对业绩杀伤力之大，由此可见一斑。

对于净利润下滑幅度较大的上市公司来说，资产减值损失对业绩的拖累更加明显。在已披露年报的公司中，有473家公司的净利润同比下降幅度在50%以上。而在上述473家公司中，有405家公司在2020年计提了资产减值损失，占比高达86%；184家公司资产减值损失金额是2019年的2倍以上，占比39%；61家公司的资产减值损失较2019年增加过亿元，占比13%。

在全球经济发展速度放缓、需求减少的大背景下，许多上市公司存货价值缩水，大量计提的存货跌价准备令业绩黯然失色。统计数据显示，在1 503家已披露年报的公司中，有726家公司2020年资产减值损失同比增幅超过100%，资产减值损失金额翻一番以上的公司占到近半。而资产减值损失同比增幅居前列的10家公司，均于2020年计提了大额存货跌价准备。

对上市公司所处行业进行分析可以发现，处于产业链中上游的钢铁和有色金属企业普遍计提了较高的存货跌价准备，因而业绩受资产减值损失的拖累更明显。2020年上半年，钢铁上市公司的业绩一度创下历史新高，下半年开始却普遍大幅下滑。这是因为下半年以来钢铁产品和原材料的价格大幅回落，造成钢企库存产品贬值，从而导致资产减值损失大幅增加。据统计，已披露年报的29家钢铁上市公司2020年共实现净利润达204亿元，较2019年下降了60%；共确认资产减值损失达185亿元，较2019年增加了1 043%。钢铁上市公司业绩下滑的背后，几乎都有大额资产减值损失的影子。

大量计提的存货跌价准备，成为BG股份2020年的业绩“杀手”。在针对机构投资者的业绩说明会上，BG股份的高层表示，第四季度计提的48亿元存货跌价准备中包含原材料25亿元，其中矿石16亿元、煤6亿元、其他原材料3亿元。此外还包括产成品14亿元，半成品9亿元。BG股份的铁矿石大多依靠长单锁定价格，而在铁矿石价格急转直下之际，BG股份却不得不承受高价铁矿石之苦。

BG 股份 2020 年存货跌价准备变动如表 1-1 所示。

表 1-1　BG 股份 2020 年存货跌价准备变动

	原材料	半成品	库存商品	备品备件及其他	合计
年初数	143 630 251.16	418 531 487.66	392 119 209.18	76 200 853.74	1 030 481 801.74
本年计提	2 918 998 353.66	1 470 158 094.82	1 755 827 095.73	27 054 093.02	6 172 037 637.23
本年转回	—	（49 469 524.58）	（204 554 086.58）	（16 501 674.98）	（270 525 286.14）
本年转销	（472 805 813.22）	（539 443 798.10）	（7 203 789.91）	（4 580 508.71）	（1 024 033 909.94）
出售子公司减少	—	—	（2 470 967.76）	（846 280.89）	（3 317 248.65）
外币报表折算差额	—	—	（165 295.60）	—	（165 295.60）
年末数	2 589 822 791.60	1 299 776 259.80	1 933 552 165.06	81 326 482.18	5 904 477 698.64

注：于资产负债表日，对于成本高于可变现净值的，计提存货跌价准备，计入当年损益。本年转回存货跌价准备是由于存货价值回升。

数据来源：BG 股份 2020 年年报。

据广发证券测算，BG 股份 2020 年上半年铁矿石的价格为 920 元/吨，而同期现货铁矿石的价格为 1 200 元/吨，BG 股份这一优势尽显。在此背景下，BG 股份上半年屡屡提价，其提价幅度远超铁矿石价格的涨幅，尽享行业繁荣。但下半年风云突变，铁矿石现货价格为 500～600 元/吨，而 BG 股份的铁矿石价格仍锁定在 850～900 元/吨的高位。2020 年年报显示，BG 股份的存货为 356.45 亿元，而三季报显示，BG 股份 9 月底的存货为 521.4 亿元，第四季度库存与第三季度相比大幅下降了 31.65%。BG 股份于 2020 年 10 月，曾在上海市场以很低的价格抛售了部分钢材，这一果断斩仓的举动也令 BG 股份在随后钢铁价格进一步下跌的过程中，损失略有减少，但也将 BG 股份的库存浮亏转化成了实际亏损，从而令其 2020 年第四季度业绩大幅下降。2020 年年报显示，BG 股份 2020 年实现营业收入约 2 003.32 亿元，同比增长 25.40%；利润总额约为 81.54 亿元，同比下降 52.06%；归属于上市公司的净利润约 64.59 亿元，同比下降 48.29%。而在 2020 年第四季度，BG 股份亏损就高达 63.61 亿元，即便扣除因存货跌价导致的资产减值损失，公司第四季度税前经营性亏损仍高达 42.18 亿元。

2. 现行《企业会计准则》下资产减值损失处理、存货跌价准备处理的特征

1）资产减值损失

资产减值损失是指因资产的可回收金额低于其账面价值而造成的损失。《企业会计准则》规定资产减值范围主要是固定资产、无形资产及除特别规定外的其他资产减值的处理。《企业会计准则第 8 号——资产减值》改变了固定资产、无形资产等的减值准备计提后可以转回的做法，资产减值损失一经确认，在以后会计期间不得转回，消除了一些企业通过计提秘密准备来调节利润的可能，限制了利润的人为波动。

资产减值损失在会计核算中属于损益类科目。

（1）资产减值损失的确定。

① 可收回金额的计量结果表明，资产的可收回金额低于其账面价值的，应当将资产的账面价值减记至可收回金额，减记的金额确认为资产减值损失，计入当期损益，同时计提相应的资产减值准备。

② 资产减值损失确认后，减值资产的折旧或者摊销费用应当在未来期间做相应调整，以使该资产在剩余使用寿命内，系统地分摊调整后的资产账面价值（扣除预计净残值）。

③ 资产减值损失一经确认，在以后会计期间不得转回。但对以摊余成本计量的金融资产确认减值损失后，如有客观证据表明该金融资产价值已恢复，原确认的减值损失应当予以转回，计入当期损益。

（2）资产减值损失的计提范围。

① 短期投资跌价准备：企业在期末对各项短期投资进行全面检查时，要按成本与市价孰低法（成本与市价孰低法是指期末按照成本与市价两者之中较低者进行计价的方法）计量，将市价低于成本的金额确认为当期投资损失，并计提短期投资跌价准备。

② 坏账准备：企业在期末分析各项应收款项的可收回性时，预计可能产生的坏账损失，并对可能发生的坏账损失计提坏账准备。计提的方法由企业自行确定。

③ 存货跌价准备：企业在期末对存货进行全面清查时，如由于存货毁损、全部或部分陈旧过时或销售价格低于成本等，使存货成本高于可变现净值，应按可变现净值低于存货成本的部分，计提存货跌价准备。

④ 长期投资减值准备：企业应对长期投资的账面价值定期地逐项进行检查。如果由于市价持续下跌或被投资单位经营状况变化等，使其可收回金额低于投资的账面价值，应将可收回金额低于长期投资账面价值的部分计提长期投资减值准备。

⑤ 固定资产减值准备：企业应当在期末对固定资产逐项进行检查，如果由于技术陈旧、损坏、长期闲置等，使其可收回金额低于账面价值，应将差额部分计提固定资产减值准备。

⑥ 无形资产减值准备：企业应定期对无形资产的账面价值进行检查，至少于每年年末检查一次，并对无形资产的可收回金额进行估计，将无形资产的账面价值超过可收回金额的部分计提无形资产减值准备。

⑦ 在建工程减值准备：企业在建工程预计发生减值时，如长期停建并且预计在3 年内不会重新开工的在建工程，应按照账面价值与可收回金额孰低法计量，将可收回金额低于账面价值的差额计提在建工程减值准备。

⑧ 委托贷款减值准备：企业应当对委托贷款本金进行定期检查，并按委托贷款本金与可收回金额孰低法计量，将可收回金额低于委托贷款本金的差额计提委托贷款减值准备。

（3）资产减值损失的会计处理。

① 企业根据资产减值等准则计提各项资产减值准备所形成的损失。

② 企业应当按照资产减值损失的项目进行明细核算。

③ 企业根据资产减值等准则确定资产发生减值的，按应减记的金额，借记本科目，贷记“坏账准备”“存货跌价准备”“长期股权投资减值准备”“持有至到期投资减值准备”“固定资产减值准备”“在建工程——减值准备”“工程物资——减值准备”“生产性生物资产——减值准备”“无形资产减值准备”“商誉——减值准备”“贷款损失准备”“抵债资产——跌价准备”“损余物资——跌价准备”等科目。

④ 企业计提坏账准备、存货跌价准备、持有至到期投资减值准备、贷款损失准备等后，相关资产的价值又得以恢复的，应在原已计提的减值准备金额内，按恢复的金额借记“坏账准备”“存货跌价准备”“持有至到期投资减值准备”“贷款损失准备”等科目，贷记本科目。

⑤ 期末，应将本科目余额转入“本年利润”科目，结转后本科目无余额。

2）存货跌价准备

存货跌价准备是指在中期期末或年度终了，由于存货遭受毁损、全部或部分陈旧过时或销售价格低于成本等，使存货成本不可以收回的部分，应按单个存货项目的成本高于其可变现净值的差额提取，并计入存货跌价损失。简单地说，就是由于存货的可变现净值低于原成本，而对降低部分所做的一种稳健处理。

（1）存货跌价准备的计提范围。

在会计核算过程中，存货的范围比较广，包括在途物资、原材料、包装物、在产品、低值易耗品、库存商品、产成品，委托加工物资、委托代销商品、分期收款、发出商品等。存货是否需要计提跌价损失取决于存货所有权是否属于本企业、存货是否处于加工或使用状态。凡是所有权不属于本企业的存货，不需要计提存货跌价损失，如受托代销商品；需要经过加工的材料存货，在正常生产经营过程中，应当以所生产的产成品的估计售价减去至完工时估计将要发生的成本、估计的销售费用和相关税费后的金额，确定其可变现净值，若账面价值高于可变现净值应当计提存货跌价损失。

（2）存货跌价准备的金额限制。

从理论上分析，凡是存货的市场价或可变现价值低于其成本的，都需要计提存货跌价损失，并且规定必须分品种、规格、产地、品牌明细核算，但在实际核算工作中由于很难做到而没有多大现实意义，如大型商业企业存货品种及规格少则上万种，多则几十万种，尤其是在市场不景气的情况下，很多存货的出售价格低于成本，按照规定，无论存货跌价损失的金额是多少，都需要计提存货跌价损失，一是会计核算工作非常大，不可能全部做到；二是对于跌价损失金额比较少的存货也要计提跌价损失，没有多大现实意义。

各个企业可以根据会计核算的重要性原则，规定计提存货跌价损失金额的范围，可以用绝对数表示，存货跌价损失多少金额以上的，需要计提，否则不提；也可以用相对数表示，存货跌价损失金额超过本企业实现利润规定百分比的，需要计提，否则不提。确定计提存货跌价损失的金额范围或百分比，取决于对企业实现利润的影响程度。

（3）存货跌价准备的理论依据。

① 客观性原则。客观性原则又叫真实性原则，是指企业的会计核算应当以实际发生的经济业务为依据，如实反映企业的财务状况和经营成果。客观性原则要求据以进行会计核算的经济业务必须是企业实际发生过的经济业务，并且要有合法的依据；还要求会计核算过程具有客观性，即所用的会计方法和标准应该符合经济业务的特点，编制的会计报表应该是客观的，不能凭空捏造，更不能出现账簿记录与会计报表不相符合的情况。

会计核算的客观性原则包括真实性和可靠性两方面的含义。真实性要求会计核算的结果应当与企业实际的财务状况和经营成果相一致；可靠性是指对于经济业务的记录和报告，应当做到不偏不倚，以客观的事实为依据，不受会计人员主观意志的左右，避免出现错误并减少偏差。企业提供会计信息的目的是满足会计信息使用者的决策需要，因此必须做到内容真实、数字准确和资料可靠。

② 稳健性原则。稳健性原则是指某些经济业务有几种不同的会计处理方法和程序可供选择时，在不影响合理选择的前提下，应当尽可能选用对所有者权益产生影响最小的方法和程序进行会计处理，合理核算可能发生的损失和费用，即所谓“宁可预计可能的损失，不可预计可能的收益”。

稳健性原则是企业会计核算中的一项重要原则，运用广泛，可防止抬高资产和收益，压低负债和费用，并能起到预警风险和化解风险的作用。但实际运用中存在利用谨慎性原则操纵利润的现象，因此要采取必要措施趋利避害，使会计信息更具客观性。

稳健性原则在核算资产时应用较多。首先，自行开发的无形资产的开发成本直接计入当期费用，而无形资产的摊销期限应选择合同期限、法律期限、经营期限、10年中最短者；其次，由于固定资产的使用存在较大的无形损耗，所以采取加速折旧法；再次，企业应当定期或至少每年年度终了全面检查各项资产，合理预计可能发生的损失，计提减值准备，其中包括短期投资减值准备、长期投资减值准备、固定资产减值准备、无形资产减值准备、在建工程减值准备、委托贷款减值准备、坏账损失准备、存货跌价准备；最后，在物价上涨时，发出存货的计价方法选择后进先出法，物价下跌时选择先进先出法。

③ 实质重于形式原则。实质重于形式原则是指企业应当按照交易或事项的经济实质进行会计核算，而不应当仅仅按照它们的法律形式进行会计核算。在实际工作中，交易或事项的外在形式或人为形式并不能完全真实地反映其实质内容。所以，会计信息拟反映的交易或事项，必须根据交易或事项的实质和经济现实，而非根据它们的法律形式进行核算。

以融资租赁的形式租入的固定资产，虽然从法律形式上来讲企业并不拥有其所有权，但是由于租赁合同中规定的租赁期相当长，接近于该资产的使用寿命；租赁期结束时承租企业有优先购买的选择权，在租赁期内承租企业有权支配资产并从中受益。从实质上看，企业控制了该项资产的使用权及受益权。所以，在会计核算时，将融资租赁的固定资产视为企业的资产。

如果企业的会计核算仅仅按照交易或事项的法律形式或人为形式进行，而这些形式又没有反映其经济实质和经济现实，那么最终结果不仅不会有利于会计信息使用者的决策，反而会误导会计信息使用者。

（4）存货跌价准备的计算公式如下。

存货跌价准备=库存数量×（单位成本价−不含税的市场价）

计算结果如为正数，说明存货可变现价值低于成本价，存在损失，就按此数计提存货跌价准备。如为负数，就不需要计提。

（5）存货跌价准备的确认因素。

存货跌价准备的确认时间：《企业会计制度》第五十四条规定，企业应当在期末对存货进行全面清查，如由于存货毁损、全部或部分陈旧过时或销售价格低于成本等原因，使存货成本高于可变现净值的，应按可变现净值低于存货成本部分，计提存货跌价准备。

存货跌价准备的确认条件如下。

① 应计提存货跌价准备的几种情况。

《企业会计制度》第五十五条　当存在下列情况之一时，应当计提存货跌价准备：

（一）市价持续下跌，并且在可预见的未来无回升的希望；

（二）企业使用该项原材料生产的产品的成本大于产品的销售价格；

（三）企业因产品更新换代，原有库存原材料已不适应新产品的需要，而该原材料的市场价格又低于其账面成本；

（四）因企业所提供的商品或劳务过时或消费者偏好改变而使市场的需求发生变化，导致市场价格逐渐下跌；

（五）其他足以证明该项存货实质上已经发生减值的情形。

② 应将存货账面价值全部转入当期损益的几种情况。

《企业会计制度》第五十四条　当存在以下一项或若干项情况时，应当将存货账面价值全部转入当期损益：

（一）已霉烂变质的存货；

（二）已过期且无转让价值的存货；

（三）生产中已不再需要，并且已无使用价值和转让价值的存货；

（四）其他足以证明已无使用价值和转让价值的存货。

当以前减记存货价值的影响因素已经消失时，减记的金额应当予以恢复，并在原已计提的存货跌价准备金额内转回，转回的金额计入当期损益（资产减值损失）。在核算存货跌价准备的转回时，转回的存货跌价准备与该准备的存货项目或类别应当存在直接对应关系。在原已计提的存货跌价准备金额内转回，意味着转回的金额以将存货跌价准备的余额冲减至零为限。

（6）存货跌价准备的计量方式。

① 存货跌价准备应按单个存货项目的成本与可变现净值计量，对于可变现净值低于存货账面成本（价值）的部分计提存货跌价准备。当期应计提的存货跌价准备等于当期期末存货可变现净值低于存货成本的部分与提取存货跌价准备前“存货跌价准备”账户贷方余额之间的差额。

② 可变现净值。可变现净值是指企业在正常经营过程中，以估计售价减去估计完工成本及销售所必需的估计费用后的价值。企业每期都应当重新确定存货的可变现净值。

③ 存货可变现净值的计价原则。企业在确定存货的可变现净值时，应当以取得的可靠证据为基础，并且考虑持有存货的目的、资产负债表日后事项的影响等因素。

④ 几种特殊情况下存货可变现净值的确定。

Ⅰ用于生产而持有的材料等，如果用其生产的产成品的可变现净值高于成本，则该材料仍然应当按成本计量；如果材料价格的下降使产成品的可变现净值低于成本，则应当将该材料按可变现净值计量。

Ⅱ为执行销售合同或者劳务合同而持有的存货，通常应当以合同价格作为其可变现净值的计量基础；如果企业持有存货的数量多于销售合同订购数量，超出部分的存货可变现净值应当以一般销售价格为计量基础。

Ⅲ用于出售的材料等，应当以市场价格作为其可变现净值的计量基础。

3. 为什么上市公司会发生大额资产减值，以 BG 股份为例说明其为什么会大额计提存货跌价准备

自新型冠状病毒肺炎疫情（以下简称“新冠肺炎疫情”）爆发以来，全球经济形势正在发生着深刻的变化。世界经济面临着新一轮的冲击，增长动能逐渐减弱。在全球经济发展放缓的形势下，钢铁行业迎来了新一轮的问题，2020 年钢铁行业企业亏损总额累计达 313.1 亿元；从收入情况来看，营业额出现回落，2019 年至 2020 年累计增长率降低，且钢铁行业的利润总额呈下降态势，2020 年的利润总额同比下降 7.5%，盈利能力整体小幅度下降。因此，未来几年钢铁行业的营业收入情况不容乐观。

在经济形势不容乐观的情况下，2020 年 BG 股份计提大额存货跌价准备的原因极有可能是管理层出于业绩的压力，在公司经营状况不佳时将其转回，从而实现操纵利润的目的，如此一来，在局外人的眼里，企业的经营状况依旧保持良好态势。之所以这样推断，是因为过去一些 ST（特别处理）公司就是采用“巨额计提，大额转回”的方法扭亏为盈，得以摘帽或恢复上市的。例如，被 ST 标记的 DH 公司，在披露的《2019 年度业绩快报》中预计 2019 年净利润为–5.53 亿元。然而，其在第三季度的报告中预计全年的净利润为 2 000 万元至 5 000 万元。DH 公司称导致公司净利润亏损的主要原因是对存货计提存货跌价准备约 3.72 亿元，其中主要为对海参养殖计提的存货跌价准备。

1.5 案例小结

上市公司计提存货跌价准备对企业产生了重大影响，是企业业绩的“杀手”。但是，近几年，很多上市公司通过计提大额资产减值来操纵利润，为什么会出现这种现象是一个发人深省的问题。固然在相当大的程度上是因为金融危机的冲击，但本质上反映的还是上市公司经营和管理上的问题。在信息不对称的条件下，如何发现上市公司利用大额资产减值来调节利润是政府机构及投资者都应该深思的问题。

第2章

CH集团的应收账款危机案例

2.1 案例背景

CH集团是一家集电视、空调、冰箱、通信、网络、电子产品、生活家电及新型平板显示器件等产业研发、生产、销售、服务为一体的多元化、综合型跨国企业。其净资产从3 950万元迅猛增长到133亿元，被称为“中国彩电大王”，它的股价曾达到66元/股，是上海A股市场的龙头，多年来，CH集团坚持以用户为中心、以市场为导向，强化技术创新，夯实内部管理，积极培育集成电路设计、软件设计、工业设计、工程技术、变频技术和可靠性技术等核心技术能力，构建消费类电子技术创新平台，立足互联网面向物联网，大力实施智能化战略，不断提升企业的综合竞争能力。就是这样一家彩电行业公认的龙头企业、全球第三大彩电生产基地，并且其主导产品占有较高市场份额的企业，却在2020年，股票连续一段时间暴跌，损失达13.3亿元。原因主要是应收账款居高不下，造成企业净资产虚化。可见应收账款是埋伏在企业身边的“定时炸弹”，对企业财务安全具有一定的威胁。

2021年4月16日，CH集团公布2020年年报。年报显示，2020年CH集团出现上市以来首次年度亏损，全年共亏损达36.81亿元人民币。据CH集团披露，报告期内大额计提应收账款坏账准备是其亏损的重要原因。

自2012年以来，CH集团的应收账款迅速增加，从2011年的1 900万元增长到2019年的近50亿元，应收账款占资产总额的比例从2011年的0.3%上升到2019年的23.3%。2020年，CH集团计提坏账准备3.1亿美元，截至2021年第一季度，CH集团的应收账款为27.75亿元，占资产总额的18.6 %。

CH集团不仅应收账款大幅度增加，而且应收账款周转率逐年下降，从2015年的4.67%下降到2021年第一季度的1.09%，明显低于其他三家彩电上市公司的同期应收账款周转率。巨额应收账款大幅度减少了经营活动产生的现金流量净额，从2015年的30亿元急剧下降到2018年的–30亿元。截至2020年年底，其经营活动产生的现金流量净额为7.6亿元。2020年12月底，CH集团发布公告称，由于计提大额坏账准备，该公司今年将面临重大亏损，其原因是，由于受专利费、美国对中国彩电反倾销等因素的影响，CH 集团的主要客户——美国进口商 A 公司出现了较大亏损，全额支付欠款存在较大困难。A 公司是 CH 集团的最大债务人，应收账款欠款金额达 38.3 亿元，占应收账款总额的 96.4%。据此，公司决定对该项应收账款计提坏账准备，当时预计计提坏账准备金额为 3.1 亿美元。

A 公司是 CH 集团彩电海外出口的主要客户，中国彩电出口美国的 87%依靠 A 公司。A 公司于 2015 年年底在美国市场亮相，主要销售 A 品牌的 DVD，但仅用一年的时间就超越了许多知名品牌，成为美国 DVD 市场的龙头企业。然而，A 公司虽然表面辉煌，实际经营却存在着严重的问题，其主要通过小额交易建立信誉，然后用赊账的方式与供应商进行交易，拖欠了中国多家 DVD 制造商数千万美元的货款，如此一家劣迹斑斑的销售商，却成为 CH 集团对美国出口最大的经销商。CH 集团在大规模进入美国市场前，曾派公司高管前往美国做过为时不短的市场考察和调研，但在考察结束后，就把美国的市场销售业务全部交给了 A 公司。从 2017 年 7 月开始，CH 集团将其彩电源源不断地发往美国 A 公司，然而产品出去了，货款却没收到。A 公司总是以质量有问题或货未收到为借口，拒付或拖欠 CH 集团货款。按照出口合同，接货后 90 天内 A 公司就应该付款，否则 CH 集团就有权拒绝发货。然而，CH 集团一方面提出对账的要求，另一方面却继续发货。

2019 年，某商报文章披露 CH 集团对 A 公司的应收账款高达 38.3 亿元人民币，存在问题。CH 集团随即发布公告称，文章所述情况与公司实际情况不符，应收账款情况正常。

根据 CH 集团 2019 年年报、2020 年半年报资料，A 公司拖欠 CH 集团高额应收账款。高额的应收账款表面上增加了销售额和毛利润，实际上却使 CH 集团陷入了危险的境地。2020 年 3 月 23 日，CH 集团发表的 2019 年年报披露，截至 2019 年年末，公司应收账款达 49.85 亿元，其中 A 公司的应收账款为 44.46 亿元。2019 年 3 月 25 日，CH 集团公布的 2018 年年报显示，CH 集团实现收入 125.9 亿元，实现净利润 1.76 亿元，但经营性现金流为–29.7 亿元，截至 2018 年年底，CH 集团应收账款仍高达 42.2 亿元，其中未收回的 A 公司的应收账款数额为 38.3 亿元（约 4.6 亿美元）。两相比较，应收账款不降反升。

随着美国 A 公司的亏损，CH 集团的应收账款发生大量坏账。事实上，CH 集团已对 A 公司超过 1 年期的应收账款提取了约 9000 万元的坏账准备。2019 年，CH 集团主营业务利润约 3.02 亿元，9000 万元的坏账准备计提无疑大大侵蚀了 CH 集团的盈利能力。应收账款和存货总额共计 119.9 亿元，占总资产的 56 %和净资产的 91%，这将影响到 CH 集团的资产质量。

此外，CH 集团与 A 公司签订的合同非常简约，难以厘清双方的权利、义务及潜在风险的分担。另外，CH 集团和 A 公司的交易多为 A 公司以支票作为货款担保，如果 A 公司故意欺诈，使这些支票无法兑付，那么 CH 集团的损失就不可避免。

2020 年后半年以来，CH 集团在生死关头曾经谋划收购 A 公司，重新启动国际化战略，而接受A公司的代价就是A公司的4.7亿美元货款。通过长时间的调查，CH集团否决了“收购A公司股权以承接A公司资产的方式进行追债”的计划。在调查过程中发现，作为私营企业，A公司在财务方面并不透明，很难判断A公司公布的财务状况与实际的财务状况之间是否有很大的差距。A公司与合作伙伴大多有逾期债务，CH集团担心承接A公司的股权后，在承接到A公司的资产的同时，掉进A公司另一个庞大的“或有债务”的陷阱，同时要为A公司承担无休止的诉讼。

终于，在2020年12月28日，CH集团发布了年度预亏提示性公告。在公告中首次承认受应收账款计提和短期投资损失的影响，预计2020年将出现大的亏损。同时还承认，全额收回美国经销商A公司的欠款存在较大困难。

其中，对A公司欠款的估计变更解释如下：“因美国进口商A公司2020年经营不善、涉及专利权、美国对中国彩电反倾销等因素，其全额支付所欠本公司货款存在较大困难。因该项欠款数额较大，如继续按原账龄分析法计提坏账准备已不能反映款项可收回性的真实情况，亦不能公允反映本公司2020年年末的财务状况和2020年度的经营成果。经2020年12月26日本公司第5届董事会第22次会议审议通过，本公司决定在原对应账款账龄分析法计提坏账准备的基础上增加对个别出现明显回收困难的应收账款采用个别认定法计提坏账准备。”

2021年4月16日，CH集团公布了2020年年报。年报显示，CH集团2020年全年亏损高达36.8亿元，创下了当时中国股市亏损之最。2021年9月，CH集团董事会公告显示，在对A公司4.675亿美元的欠款中，CH集团可能从A公司收回的欠款只有1.5亿美元，这意味着还有3.175亿美元（近26亿元人民币）的欠款面临无法收回的境地。

作为中国民族工业的一面旗帜，CH集团曾经是“中国的彩电大王”和“沪深股市老牌绩优股”，它取得过年净利润达25.9亿元的辉煌成绩。而现今，36.8亿元的巨额亏损，约占10年来总盈利的40%，给CH集团带来了致命的打击。

2.2 案例训练

（1）根据案例资料，分析CH集团的应收账款管理存在的问题。

（2）结合CH集团的应收账款事件，讨论应如何做好企业的应收账款管理。

2.3 案例提示

本案例旨在让学生掌握应收账款产生的原因，理解应收账款管理的意义，掌握如何对应收账款进行管理，具体包括如何评价企业的信用，如何进行应收账款的日常管理。

分析思路可以从以下几个方面展开。

（1）从企业外部环境（如企业所处的市场经济环境）及企业自身存在的问题两方面，思考企业应收账款居高不下的原因。

（2）从资信管理、制度规范及企业人员风险意识等方面，思考强化应收账款管理的可行途径，身为财务人员在应收账款的管理中应该注意的问题。

2.4 案例分析

1. CH 集团的应收账款管理存在的问题

应收账款是指该账户核算企业因销售商品、材料，提供劳务等，应向购货单位收取的款项，以及代垫运杂费和承兑到期而未能收到款的商业承兑汇票。应收账款是伴随企业销售行为的发生而形成的一项债权。因此，应收账款的确认与收入的确认密切相关。通常在确认收入的同时，确认应收账款。该账户按不同的购货或接受劳务的单位设置明细账户，进行明细核算。

应收账款的作用具体如下。

（1）贷款融资。应收账款可以用于企业的流动资金贷款，企业可以根据应收账款数额大小及应收账款下游企业性质向银行申请流动资金贷款，用于企业的扩大经营与生产。

（2）扩大销售。在市场竞争日益激烈的情况下，赊销是企业促进销售的一种重要方式。企业赊销实际上是向客户提供了两项服务：向客户销售产品及在一个有限的时期内向客户提供资金。赊销对客户来说是十分有利的。赊销具有比较明显的促销作用，对企业销售新产品、开拓新市场具有重要意义。

（3）减少库存。企业持有产成品存货，要追加管理费、仓储费和保险费等支出；相反，企业持有应收账款，则无须上述支出。因此，当企业产成品存货较多时，一般都可采用较为优惠的信用条件进行赊销：把存货转化为应收账款，减少产成品存货，节约相关的支出。

应收账款管理中存在隐忧的有 3 类上市公司：一是应收账款数额较大且事先没有足额计提坏账准备的上市公司；二是 3 年期其他应收账款数额大且坏账准备计提不足的上市公司；三是应收账款占主营业务收入比例过高的上市公司。上市公司应收账款引发的投资风险，往往让投资者措手不及。

坏账准备是指企业对预计可能无法收回的应收票据、应收账款、预付账款、其他应收款、长期应收款等应收预付款项所提取的坏账准备金，是备抵账户。企业对坏账损失的核算，采用备抵法。在备抵法下，企业每期期末要估计坏账损失，设置“坏账准备”账户。备抵法是指采用一定的方法按期（至少每年年末）估计坏账损失，计提坏账准备并转作当期费用，实际发生坏账时，直接冲减已计提坏账准备，同时转销相应的应收账款余额的一种处理方法。

CH 集团在此次巨额应收账款的“黑洞” 中损失惨重，充分暴露了其应收账款管理上的缺陷。CH 集团在海外被拖欠巨额货款并不是偶然的事件，其应收账款管理确实存在很多问题。CH 集团决定与美国 A 公司合作时，A 公司已经有拖欠中国多家公司巨额货款的先例，那么 CH 集团为什么还会与这样一个信用有污点的公司进行合作呢？CH 集团在 2018 年已经开始无法正常收回 A 公司的货款，但为什么直至 2020 年年中，仍在向 A 公司发货，导致窟窿越来越大，难以弥补？CH 集团在美国有这么大的贸易额，为什么没有设立驻美办事处？

综合上述案例情况可以看出，CH 集团在应收账款管理方面存在的问题主要有以下几点。

第一，合同设计存在漏洞。CH 集团与 A 公司签订的合同非常简约，难以厘清双方的权利、义务及潜在风险的分担。另外，CH 集团和 A 公司的交易多为 A 公司以支票作为货款担保。如果 A 公司特意欺诈，使这些支票无法兑付，CH 集团的损失就不可避免。

第二，企业盲目销售。CH 集团只注重销售，盲目销售导致企业应收账款风险不断加大。在与 A 公司签订销售合同时没有深究其企业状况：A 公司表面的辉煌下存在严重的经营问题，拖欠了中国多家 DVD 制造商数千万美元的货款。

第三，CH 集团缺乏坏账风险意识。据相关资料显示，早在 2019 年，A 公司拖欠货款的问题就已暴露出极大的风险，但 CH 集团一直信奉“沉默是金”的原则，从未正视面临的巨大风险，还在各种场合表示与 A 公司的合作并不存在任何问题，并坚持与 A 公司继续合作。

第四，对赊销对象的资信调查不足。在 A 公司“有前科”的情况下，CH 集团管理层还继续采用先发货后收款的方式对其进行销售，导致应收账款越积越多。虽然 CH 集团在大规模进入美国市场前，曾派公司高管前往美国，做过为时不短的市场考察和调研，但在考察结束后就把美国市场的销售业务全部交给了 A 公司。而其是否对 A 公司的信用情况做过深入的调查，我们不得而知。

CH 集团在明明知道 A 公司拖欠了中国多家企业巨款的基础上，为了实现自身的利润还是与其签订了巨额销售合同，很显然它在企业信用管理方面存在严重缺失；而且按规定，重大金额的合同在签订时是要征求法律顾问和有关专家的意见的，但 CH 集团并没有做到，它与 A 公司签订的合同极其简约，难以厘清双方的权利、义务及潜在风险的分担；面对 A 公司的有意拒付、拖欠货款，CH 集团外营部下令不准发货，但最终货还是发了出去，这表明 CH 集团没有按照规定的程序办理销售和发货业务；CH 集团在与 A 公司进行交易时，凡是赊销都走保理程序，但 CH 集团采用的是低成本的没有承保的保理收费制度，保理公司没有保证回款的约定，致使当大量货物销售时，大部分的账款没有进入保理账户，最终形成巨额欠款。

第五，应收账款的赊销管理不完善。应收账款的形成是一个持续的过程，在考虑赊销的时候，CH 集团没有在赊销前考虑，也没有在赊销期间对应收账款适当地计提坏账准备，赊销后没有积极地追讨账款。

以上种种内部控制方面的缺失，最终造成了 CH 集团海外巨额应收账款无法收回的严重后果，给公司的经营造成了巨大的影响。

通过对 CH 集团在应收账款管理方面的问题梳理，我们将企业应收账款居高不下的原因归纳为以下几点。

第一，企业赊销经营环境的影响。在销售过程中，现销对企业而言是一种理想的销售结算方式，但是在激烈的市场竞争中，企业为了抢占市场、扩大销路、实现利润最大化，更为常见的是采用赊销的手段。赊销方式有利有弊。赊销的方式有利于企业降低产品库存，不断扩大市场份额，拓宽产品销路，增加销售收入。然而，企业因为赊销促使销售收入不断增加的同时，伴随的是应收账款的大量增加。作为企业流动资产的重要组成部分，应收账款体现了企业的一种债权，它是一种未来的现金流入；应收账款虽然只在资产负债表中列示，但坏账准备的计提会对利润表、现金流量表产生直接影响。

如今很多企业缺乏由自己掌控的国际销售渠道，无法使自己的产品进入发达国家的主流销售渠道，只好借第三方企业来完成这个任务。这些第三方企业往往资金实力较弱，常常需要以赊销方式进货。采用赊销方手段实现销售，只是将企业的库存商品转化为应收账款，而非真正的现金流入。而应收账款能否按期收回，在很大程度上取决于第三方企业的经营状况。这使应收账款的收回时间和数额具有很大的不确定性。

CH 集团存货量太大，为了尽快降低库存，解决资金周转困难的问题，于是采用赊销的方式吸引买方。CH 集团采用赊销的方式，在销售成立时便确认销售收入，但是伴随的是应收账款的增加。应收账款增加，使流动资产增加，企业的总资产随之增加，这就给会计信息使用者以企业资本结构良好的假象。

据相关资料显示，CH 集团 2020 年巨亏的直接原因是大额应收账款坏账准备的计提。可以说，是巨额的应收账款及其坏账准备将曾经辉煌的 CH 集团推向了深渊。在当今的资本市场条件下，企业为了增加销售额，占领市场或争夺客户资源，往往采用赊销的销售方式。尽管赊销在一定程度上能够带来利润的增长，但是由此导致的高额应收账款及潜在的财务危机却足以拖垮一个企业。CH 集团事件就充分说明了这一点。

第二，销售前资信评估薄弱，缺乏规范程序。CH 集团主营范围大多为家电类产品。由于家电类产品更新换代的速度快，企业通常采用赊销手段来争取更多客户，对客户的信用资信了解不够深入，为了扩大销售，盲目采用赊销策略去争夺市场；风险防范意识不强，企业在发展客户的时候没有风险意识，虽然企业有针对客户的信用审核评估流程，却形同虚设，在事先未对买方资信进行深入调查的情况下，只重视账面的高利润，忽视了被客户拖欠的大量流动资金能否及时收回，没有关注现金流。同时，财会部门在此过程中也没有充分地发挥其监督和控制职能作用，在客户大量拖欠货款的情况下仍然允许向其供货，从而造成巨额货款收不回来。

2018 年，CH 集团应收 A 公司 38.3 亿元货款未收回的巨亏，就是由其缺乏对 A 公司进行资信调查轻易将产品发送至海外所致。在 A 公司“有前科”的情况下，CH 集团的管理层还继续采用先发货后收款的方式对其进行销售，导致应收账款越积越多。CH 集团在没有对 A 公司一贯的经营作风、财务状况、诚信度进行深入了解的情况下，就把巨额货物赊销给 A 公司，无疑等同于将自己置于风险之中。A 公司于 2015 年年底在美国市场亮相，主要销售 A 品牌的 DVD。从表面上看，A 公司业绩辉煌，仅用一年时间就成为美国 DVD 市场的龙头企业。但实际上其主要通过小额交易建立信誉，然后用赊账的方式与供应商交易，拖欠了中国多家 DVD 制造商数千万美元的货款，其经营状况存在严重的问题。

CH 集团在明明已经知道了 A 公司拖欠了中国多家企业巨款的基础上，为了实现自身的利润，还是与其签订了巨额销售合同，很显然，它在企业信用管理方面存在严重缺失。而且，按照规定，重大金额的合同在签订时需要征求法律顾问和有关专家的意见，但是 CH 集团没有做到，它与 A 公司签订的合同极其简约，难以厘清双方的权利、义务及潜在风险的分担。

CH 集团将这样的一家公司作为出口的最大经销商，充分说明了其并没有做好客户的资信调查，客户资信管理制度不健全。

第三，商业竞争。我国市场已由卖方市场转向买方市场。企业为了应对激烈的市场竞争，采用各种手段扩大销量以增加营业收入。企业生产经营的关键就是实现销售，市场经济的竞争机制使企业以各种手段扩大销售。除依靠产品质量、售后服务、宣传等手段外，赊销成为企业扩大销售的手段之一。在相同的条件下，赊销产品的销售量将大于现销产品的销售量，出于扩大销售的竞争需要，企业不得不以赊销的方式吸引客户。然而，很多企业故意拖欠账款，市场信用体制又不健全。目前，我国国内仅知名家电类企业就有 200 多家，产品的同类性使 CH 集团面临的竞争更为激烈。赊销逐渐成为一种商业竞争手段，能够为企业招揽到更多的客户，故而，应收账款增加是企业发展的主流趋势，其风险防范也势在必行。

第四，销售和收款的时间差。商品的成交时间和收到货款的时间在大多数情况下并不一致，这也导致应收账款的产生。例如，大型批发和生产的企业，发货和收款时间通常是不一致的，销售企业只能承认这种现实并且承担由此引起的资金垫支。

在交易过程中，商品与资金流动，票据的记录、传递等，都有可能在时间与空间上产生误差。而现实中也是如此，有些企业长时间不对账，造成了销售与核算的脱节；有些企业即使进行了对账，但是没有形成合法有效的对账依据，无法得到法律的认可，甚至有的只是口头承诺，根本起不到应有的作用。

应收账款监控体系不完善。按照企业应收账款管理策略，企业从赊销过程一开始，到应收账款到期日前，都应该对客户进行跟踪、监督，从而确保客户正常支付货款，最大限度地降低逾期账款的发生率，提高应收账款回收率。很显然，CH 集团在这方面做得远远不够。

2. 结合 CH 集团的情况，分析应如何做好企业的应收账款管理

1）企业应收账款的日常经营管理

应收账款是企业资金管理的重要环节，正确运用赊销，加强对应收账款的管理非常重要。要加强对应收账款的管理，主要应当做好以下几个方面的工作。

（1）树立坏账风险意识。建立应收账款坏账准备制度，防范财务风险，企业应当在期末分析各项应收账款的可回收性，并预计可能产生的坏账损失，根据谨慎性原则，企业对预计可能发生的坏账损失计提坏账准备。

（2）做好客户的资信调查，建立客户动态资源管理系统。客户既是企业的财富来源，又是企业的风险来源，企业要最大限度地防范风险，必须强化对客户的资信管理。企业应广泛收集有关客户信用状况的资料，并据此采用定性分析及定量分析的方法评估客户的信用，建立健全客户资信管理制度。

客户资信程度的高低通常取决于以下五个方面，即信用品质、偿付能力、资本、抵押品、经济状况。根据这五个方面设计一组具有代表性，能够说明客户信用品质、付款能力和财务状况的定量指标和定性指标，如赊购付款履约情况、资产负债率、流动比率、存货周转率等，作为信用风险评级指标，根据各项指标的重要性确定其相应的风险权数，然后对客户资信展开调查，计算各客户累计风险系数，按照客户累计风险系数进行排队，评定客户的信用等级，对客户档案资料进行动态管理。

5C 是评价企业信用的一个标准，就是企业要获得交易所应具备的信用条件。所谓的 5C 是指品质、能力、资本、抵押、条件。品质是指顾客或客户努力履行其偿债义务的可能性，是评估顾客或客户信用品质的首要指标，品质是应收账款回收速度和回收数额的决定因素。能力是指顾客或客户的偿债能力，即其流动资产的数量和质量及与流动负债的比例。资本是指顾客或客户的财务实力和财务状况，表明顾客或客户可能偿还债务的背景，如负债比率、流动比率、速动比率、有形资产净值等财务指标等。抵押是指顾客或客户拒付款项或无力支付款项时能被用作抵押的资产，一旦收不到这些顾客或客户的款项，便以抵押品抵补，这对于首次交易或信用状况有争议的顾客或客户尤为重要。条件是指可能影响顾客或客户付款能力的经济环境，如顾客或客户在困难时期的付款历史、顾客或客户在经济不景气情况下的付款可能。

（3）制定合理的赊销方针和结算方式。企业应当制定符合自身实际情况的赊销方针和结算方式，如条件销售或者有担保赊销等，最大限度地降低企业坏账发生的可能性。同时，企业可以根据客户的信用状况、盈利能力和偿债能力等，选择适宜的结算方式。对于信用状况较好、盈利能力和偿债能力较强的客户，可以选择风险

较大的结算方式，反之，则应当选择风险较小、约束能力比较强的结算方式。

（4）建立赊销审批制度。企业可根据自身特点，建立相应的赊销审批制度，规定在一定额度内的销售由特定权力的人员批准，各经办人员只能在各自的权限内办理审批，超过限额的，必须请示上一级领导同意后方可批准，金额特别大的，需报请企业最高领导批准。同时，应落实责任制，各经办人员经办的业务应自己负责，并与其经济利益挂钩，要求其对自己经办的每笔业务进行事后监督，直至收回资金为止。

（5）建立应收账款的监控体系。应收账款的监控体系应包括赊销的发生、收款、逾期风险预警等各个环节。赊销监控主要发生在接受顾客订单、批准赊销信用、记录销售和收回资金流程中。企业的财务部门应定期对应收账款的回收情况、账龄等进行分析；信用部门和销售部门应进行应收账款跟踪管理服务，从赊销过程一开始，到应收账款到期日前，对客户进行跟踪、监督，从而确保客户正常支付货款，最大限度地降低逾期账款的发生率。在工作中，财务、信用和销售部门要相互配合，分清各自在跟踪服务中的职责，相互监督、相互促进，达到提高应收账款回收率、促进企业销售的目的。

2）企业财务人员对应收账款的管理

（1）做好基础记录，了解客户（包括子公司）付款的及时程度，基础记录包括企业对客户提供的信用条件、建立信用关系的日期、客户付款的时间、目前尚欠款数额及客户信用等级变化等，企业只有掌握了这些信息，才能及时采取相应的对策。

（2）检查客户是否突破信用额度。企业对客户提供每一笔赊销业务前，都要检查是否有超过信用期限的记录，并注意检验客户所欠债务总额是否突破了信用额度。

（3）掌握客户已过信用期限的债务，密切监督客户已到期债务的增减动态，以便及时采取措施与客户联系提醒其尽快付款。

（4）分析应收账款周转率和平均收账期，看流动资金是否处于正常水平，企业可通过该项指标，与以前实际、现在计划及同行业相比，借以评价应收账款管理中的成绩与不足，并修正信用条件。

（5）要遵循稳健性原则，对坏账损失的可能性预先进行估计，积极建立弥补坏账损失的准备制度，并考察拒付状况，考察应收账款被拒付的百分比，即坏账准备率，以决定企业信用政策是否应改变，如实际坏账准备率高于或低于预计坏账准备率，企业必须看信用标准是否过于严格或宽松，从而修正信用标准。

（6）编制账龄分析表，检查应收账款的实际占用天数，企业对其的监督可通过编制账龄分析表进行，据此了解有多少欠款尚在信用期限内，并及时监督有多少欠款已超过信用期限，计算出超时长短的款项各占多少百分比，估计有多少欠款会产生坏账，如果大部分欠款超过信用期，企业应检查其信用政策。

2.5 案例小结

应收账款是企业一项重要的流动资产，管理好应收账款，提高应收账款回收率，挽回企业呆账、坏账损失，建立企业信用管理体系，对于全面提升企业销售管理和财务管理水平，增强企业抵抗风险的能力和可持续发展能力无疑有着重大意义。

应收账款的发生是一个持续的过程，目前国内很多企业都不太重视对应收账款的管理。很多企业只重视销售，殊不知事前的盲目销售会导致企业应收账款风险加大，同时带来事后追讨成本的增加。因此，应收账款管理是一种事前防范、事中和事后控制的管理，认识到这一点是很重要的。

CH 集团事件为国内企业敲响了警钟，实际上，CH 集团事件并不是一个被海外代理商欺诈的简单个案。CH 集团并不是第一个深受海外应收账款之害的企业，也不会是最后一个。随着越来越多的中国企业走出国门，中国企业将面临越来越多的海外应收账款的风险。因此，加强对应收账款的管理，在国际贸易和经济合作快速增长的同时，降低国别信用风险已经迫在眉睫。

在我国市场经济日趋成熟的今天，应收账款的管理应该越来越被重视。作为企业资金管理的一项重要内容，对应收账款的管理直接影响到企业营运资金的周转和经济效益。企业也必须正视面临的情况，本着“前期预防胜于后期追款”的原则，以回款为最终目标，采取合法、有效的手段，加强清欠工作，加快企业资金的周转，全面提高企业的经济效益。

第3章

Y集团股权投资会计核算方法变更案例

3.1 案例背景

Y集团成立于1979年，是全国纺织服装行业的龙头企业，于1998年在上海证券交易所挂牌上市，股票简称：Y集团，其品牌男装是国内男装的主导品牌，Y集团的服装在高档品牌服饰行业处于龙头地位，品牌价值达258.29亿元。其也是中国最早进入房地产市场开发领域的民营企业之一，从1992年开始不断扩大开发范围，主要涉及上海、宁波、苏州、西双版纳、兰州等地区。其同样是中国较早进入专业化金融投资领域的民营企业之一。Y集团以打造金融控股集团为目标，逐步形成了以战略投资为主、以财务投资为辅、以产业投资为方向的战略型投资体系。

经过多年的发展，Y集团已形成以品牌发展为核心，多元并进、专业化发展的综合性国际化企业集团，其下设服装控股、服装制造科技、纺织控股、置业控股、康旅控股、金融投资和中基集团七个板块。

Y集团目前正在探索健康旅游产业，结合现有的旅游项目资源，致力打造“旅游+健康+养老”的运作模式，不断挖掘、开发新的项目，形成“医养结合”“休闲旅游”的新体系。

未来，Y集团将继续秉承“建时尚集团，铸百年企业”的企业愿景，传承“诚信、务实、责任、奉献、正直、有为、勤俭、共享”的企业宗旨，力争通过努力将Y集团建设成时尚王国。

3.1.1 Y集团对ZX公司的投资

ZX公司是Y集团大手笔投资的项目之一。1999年，Y集团斥资3.2亿元参与ZX公司未上市股权。从2015年年初开始，Y集团又择机通过二级市场和参与新股认购等方式分四次买入ZX公司14.25亿股，占ZX公司总股本的4.99%，投资总额达164.67亿元，投入资金占Y集团净资产的86.83%。2018年1月31日，Y集团发布公告称其持有的ZX公司股票截至2017年12月31日账面值折合人民币1 371 453.33万元，而投资成本折合人民币1 702 290.25万元，鉴于该股票已经连续下跌超过 12 个月，Y 集团主观认定其已经发生减值，故计提了 330 836.92 万元减值准备。

2018 年 3 月 29 日，Y 集团在二级市场买入 ZX 公司 0.1 万股，持股比例达到 5%。然而，巨亏之下，Y 集团 2018 年 4 月 10 日发布的 2018 年第一季度业绩预报显示，Y 集团第一季度业绩反而暴增，随之变化的还有 Y 集团股价的波动。

业绩预报重要内容提示显示如下内容。（1）公司业绩预计增加约 868 046 万元，同比增长 687.95%左右。（2）公司本次业绩预增主要是由于非经营性损益的影响所致：公司自 2018 年 3 月 29 日起对 ZX 公司的会计核算方法由“可供出售金融资产”变更为“长期股权投资”并以权益法确认损益，由此公司所持 ZX 公司对应的净资产可辨认公允价值与账面价值的差额为 930 210.84 万元，将计入 2018 年第一季度营业外收入，增加当期净利润 930 210.84 万元（以审计数据为准）。

然而，对 Y 集团业绩影响如此之大的会计核算方法的变更，公司董事会竟然全票通过。公开资料显示，公司于 2018 年 4 月 9 日以通信方式召开第九届董事会第八次会议，会议以 9 票同意、0 票反对、0 票弃权审议通过了《关于变更对 ZX 公司会计核算方法的议案》，同意自 2018 年 3 月 29 日起对 ZX 公司的会计核算方法由“可供出售金融资产”变更为“长期股权投资”并以权益法确认损益；由此公司所持 ZX 公司对应的净资产可辨认公允价值与账面价值的差额为 930 210.84 万元，将计入 2018 年第一季度营业外收入，增加当期净利润 930 210.84 万元。以 2018 年为时间节点，分析会计核算方法变更对 Y 集团的影响。

3.1.2 Y 集团对 NB 公司的投资

NB 公司 2007 年上市时，Y 集团是其发起股东之一，持有其发行总股本的 7.16%。此后，Y 集团分别在 2009 年 10 月和 2013 年 12 月以非公开认购和二级市场买入的方式增持 NB 公司股份。截至 2013 年 12 月 31 日，Y 集团累计持有 NB 公司 10.10%的股份，为 NB 公司的第三大股东。Y 集团最初将持有的 NB 公司股份列入“长期股权投资”，并以成本法确认损益。2009 年，Y 集团进行了第一次会计核算方法变更，将持有的 NB 公司股份划分为“可供出售金融资产”，并对期初数进行了追溯调整。2014 年 1 月，Y 集团又对其进行第二次变更，公告称公司从 2014 年 1 月 1 日起对 NB 公司的会计核算方法由“可供出售金融资产”变更为“长期股权投资”，并以权益法确认损益。截至 2014 年第一季度末，Y 集团持有 NB 公司 11.13%股份，至今一直以“长期股权投资”权益法确认损益。以 2013 年为时间节点，分析会计核算方法变更对 Y 集团的影响。

3.2 案例训练

（1）讨论 Y 集团的案例资料，辨析其他权益工具投资和长期股权投资。

（2）比较其他权益工具投资与长期股权投资的异同点，以及分析其他权益工具投资和长期股权投资的账务处理。

（3）结合案例，说明 Y 集团股权投资核算方法的变更对企业的财务影响。

（4）结合案例，说明 Y 集团对 ZX 公司和 NB 公司股权投资的决策是否合适。

3.3 案例提示

本案例要实现的教学目标：让学生熟悉上市公司长期股权投资的分类、会计核算；深度理解投资方对被投资单位“具有重大影响”的判断标准；引导学员思考其他权益工具投资（可供出售金融资产）与长期股权投资之间转换的条件；识别长期股权投资的盈亏管理；掌握长期股权投资对企业财务的影响；引导学员掌握股权投资会计核算方法。

分析思路可以从以下几个方面展开。

（1）从概念、特征等方面归纳其他权益工具投资与长期股权投资的相关知识理论。

（2）针对其他权益工具投资（可供出售金融资产）调整到长期股权投资，细化核算的整个过程及相关会计科目。

（3）结合案例说明，企业股权投资核算方法的变更对 Y 集团的财务影响，可以从企业的角度或管理层的角度等来具体分析。

（4）结合案例说明分析企业会计核算方法变更的合理程度。

3.4 案例分析

1. 辨析其他权益工具投资和长期股权投资

1）其他权益工具投资辨析如下

根据《企业会计准则第 22 号——金融工具确认和计量》规定。

（1）金融资产的定义。

第三条　金融资产是指企业持有的现金、其他方的权益工具以及符合下列条件之一的资产：（一）从其他方收取现金或其他金融资产的合同权利。（二）在潜在有利条件下，与其他方交换金融资产或金融负债的合同权利。（三）将来须用或可用企业自身权益工具进行结算的非衍生工具合同，且企业根据该合同将收到可变数量的自身权益工具。（四）将来须用或可用企业自身权益工具进行结算的衍生工具合同，但以固定数量的自身权益工具交换固定金额的现金或其他金融资产的衍生工具合同除外。其中，企业自身权益工具不包括应当按照《企业会计准则第 37 号——金融工具列报》分类为权益工具的可回售工具或发行方仅在清算时才有义务向另一方按比例交付其净资产的金融工具，也不包括本身就要求在未来收取或交付企业自身权益工具的合同。

第六条　除下列各项外，本准则适用于所有企业各种类型的金融工具：

（一）由《企业会计准则第 2 号——长期股权投资》规范的对子公司、合营企业和联营企业的投资，适用《企业会计准则第 2 号——长期股权投资》，但是企业根据《企业会计准则第 2 号——长期股权投资》对上述投资按照本准则相关规定进行会计处理的，适用本准则。企业持有的与在子公司、合营企业或联营企业中的权益相联系的衍生工具，适用本准则；该衍生工具符合《企业会计准则第 37 号——金融工具列报》规定的权益工具定义的，适用《企业会计准则第 37 号——金融工具列报》。（二）由《企业会计准则第 14 号——收入》规范的属于金融工具的合同权利和义务，适用《企业会计准则第 14 号——收入》，但该准则要求在确认和计量相关合同权利的减值损失和利得时应当按照本准则规定进行会计处理的，适用本准则有关减值的规定。

（2）金融资产的分类。

第十六条　企业应当根据其管理金融资产的业务模式和金融资产的合同现金流量特征，将金融资产划分为以下三类：（一）以摊余成本计量的金融资产。（二）以公允价值计量且其变动计入其他综合收益的金融资产。（三）以公允价值计量且其变动计入当期损益的金融资产。

第十八条　金融资产同时符合下列条件的，应当分类为以公允价值计量且其变动计入其他综合收益的金融资产：（一）企业管理该金融资产的业务模式既以收取合同现金流量为目标又以出售该金融资产为目标。（二）该金融资产的合同条款规定，在特定日期产生的现金流量，仅为对本金和以未偿付本金金额为基础的利息的支付。

第十九条　按照本准则第十七条分类为以摊余成本计量的金融资产和按照本准则第十八条分类为以公允价值计量且其变动计入其他综合收益的金融资产之外的金融资产，企业应当将其分类为以公允价值计量且其变动计入当期损益的金融资产。在初始确认时，企业可以将非交易性权益工具投资指定为以公允价值计量且其变动计入其他综合收益的金融资产，并按照本准则第六十五条规定确认股利收入，该指定一经做出，不得撤销。企业在非同一控制下的企业合并中确认的或有对价构成金融资产的，该金融资产应当分类为以公允价值计量且其变动计入当期损益的金融资产，不得指定为以公允价值计量且其变动计入其他综合收益的金融资产。

（3）金融资产的计量。

第三十四条　企业应当根据《企业会计准则第 39 号——公允价值计量》的规定，确定金融资产和金融负债在初始确认时的公允价值。公允价值通常为相关金融资产或金融负债的交易价格。金融资产或金融负债公允价值与交易价格存在差异的，企业应当区别下列情况进行处理：（一）在初始确认时，金融资产或金融负债的公允价值依据相同资产或负债在活跃市场上的报价或者以仅使用可观察市场数据的估值技术确定的，企业应当将该公允价值与交易价格之间的差额确认为一项利得或损失。（二）在初始确认时，金融资产或金融负债的公允价值以其他方式确定的，企业应当将该公允价值与交易价格之间的差额递延。初始确认后，企业应当根据某一因素在相应会计期间的变动程度将该递延差额确认为相应会计期间的利得或损失。该因素应当仅限于市场参与者对该金融工具定价时将予考虑的因素，包括时间等。

第三十五条　初始确认后，企业应当对不同类别的金融资产，分别以摊余成本、以公允价值计量且其变动计入其他综合收益或以公允价值计量且其变动计入当期损益进行后续计量。

（4）金融资产的终止确认。

第十一条　金融资产满足下列条件之一的，应当终止确认：（一）收取该金融资产现金流量的合同权利终止。（二）该金融资产已转移，且该转移满足《企业会计准则第 23 号——金融资产转移》关于金融资产终止确认的规定。本准则所称金融资产或金融负债终止确认，是指企业将之前确认的金融资产或金融负债从其资产负债表中予以转出。

（5）金融工具利得和损失。

第六十四条　企业应当将以公允价值计量的金融资产或金融负债的利得或损失计入当期损益，除非该金融资产或金融负债属于下列情形之一：（一）属于《企业会计准则第 24 号——套期会计》规定的套期关系的一部分。（二）是一项对非交易性权益工具的投资，且企业已按照本准则第十九条规定将其指定为以公允价值计量且其变动计入其他综合收益的金融资产。（三）是一项被指定为以公允价值计量且其变动计入当期损益的金融负债，且按照本准则第六十八条规定，该负债由企业自身信用风险变动引起的其公允价值变动应当计入其他综合收益。（四）是一项按照本准则第十八条分类为以公允价值计量且其变动计入其他综合收益的金融资产，且企业根据本准则第七十一条规定，其减值利得或损失和汇兑损益之外的公允价值变动计入其他综合收益。

2）长期股权投资辨析如下

根据《企业会计准则第 2 号——长期股权投资》规定。

（1）长期股权投资的定义。

第二条　本准则所称长期股权投资，是指投资方对被投资单位实施控制、重大影响的权益性投资，以及对其合营企业的权益性投资。

重大影响，是指投资方对被投资单位的财务和经营政策有参与决策的权力，但并不能够控制或者与其他方一起共同控制这些政策的制定。在确定能否对被投资单位施加重大影响时，应当考虑投资方和其他方持有的被投资单位当期可转换公司债券、当期可执行认股权证等潜在表决权因素。投资方能够对被投资单位施加重大影响的，被投资单位为其联营企业。

（2）长期股权投资的初始计量。

第五条　非同一控制下的企业合并，购买方在购买日应当按照《企业会计准则第 20 号——企业合并》的有关规定确定的合并成本作为长期股权投资的初始投资成本。合并方或购买方为企业合并发生的审计、法律服务、评估咨询等中介费用及其他相关管理费用，应当于发生时计入当期损益。

第六条　除企业合并形成的长期股权投资以外，其他方式取得的长期股权投资，应当按照下列规定确定其初始投资成本：

（一）以支付现金取得的长期股权投资，应当按照实际支付的购买价款作为初始投资成本。初始投资成本包括与取得长期股权投资直接相关的费用、税金及其他必要支出。（二）以发行权益性证券取得的长期股权投资，应当按照发行权益性证券的公允价值作为初始投资成本。与发行权益行证券直接相关的费用，应当按照《企业会计准则第 37 号——金融工具列报》的有关规定确定。（三）通过非货币性资产交换取得的长期股权投资，其初始投资成本应当按照《企业会计准则第 7 号——非货币性资产交换》的有关规定确定。（四）通过债务重组取得的长期股权投资，其初始投资成本应当按照《企业会计准则第 12 号——债务重组》的有关规定确定。

（3）长期股权投资的后续计量

第九条　投资方对联营企业和合营企业的长期股权投资，应当按照本准则第十条至第十三条规定，采用权益法核算。

第十条　长期股权投资的初始投资成本大于投资时应享有被投资单位可辨认净资产公允价值份额的，不调整长期股权投资的初始投资成本；长期股权投资的初始投资成本小于投资时应享有被投资单位可辨认净资产公允价值份额的，其差额应当计入当期损益，同时调整长期股权投资的成本。

第十一条　投资方取得长期股权投资后，应当按照应享有或应分担的被投资单位实现的净损益和其他综合收益的份额，分别确认投资收益和其他综合收益，同时调整长期股权投资的账面价值；投资方按照被投资单位宣告分派的利润或现金股利计算应享有的部分，相应减少长期股权投资的账面价值；投资方对于被投资单位除净损益、其他综合收益和利润分配以外所有者权益的其他变动，应当调整长期股权投资的账面价值并计入所有者权益。投资方在确认应享有被投资单位净损益的份额时，应当以取得投资时被投资单位可辨认净资产的公允价值为基础，对被投资单位的净利润进行调整后确认。被投资单位采用的会计政策及会计期间与投资方不一致的，应当按照投资方的会计政策及会计期间对被投资单位的财务报表进行调整，并据以确认投资收益和其他综合收益等。

第十二条　投资方确认被投资单位发生的净亏损，应当以长期股权投资的账面价值以及其他实质上构成对被投资单位净投资的长期权益减记至零为限，投资方负有承担额外损失义务的除外。被投资单位以后实现净利润的，投资方在其收益分享额弥补未确认的亏损分担额后，恢复确认收益分享额。

第十三条　投资方计算确认应享有或应分担被投资单位的净损益时，与联营企业、合营企业之间发生的未实现内部交易损益按照应享有的比例计算归属于投资方的部分，应当予以抵销，在此基础上确认投资收益。投资方与被投资单位发生的未实现内部交易损失，按照《企业会计准则第 8 号——资产减值》等的有关规定属于资产减值损失的，应当全额确认。

第十四条　投资方因追加投资等原因能够对被投资单位施加重大影响或实施共同控制但不构成控制的，应当按照《企业会计准则第 22 号——金融工具确认和计量》确定的原持有的股权投资的公允价值加上新增投资成本之和，作为改按权益法核算的初始投资成本。原持有的股权投资分类为可供出售金融资产的，其公允价值与账面价值之间的差额，以及原计入其他综合收益的累计公允价值变动应当转入改按权益法核算的当期损益。

（4）相关概念及框架。

控制：企业拥有的通过参与被投资企业的相关活动而享有可变回报的权力，并且有能力运用该权力影响其回报金额。企业如有能力主导被投资企业的相关活动，而无论其是否实际行使该权利，均视为拥有控制被投资企业的权力。

共同控制（合营企业）：按照相关约定对被投资企业所共有的控制，并且该被投资企业的相关活动必须经过分享控制权的各投资方一致同意后才能做出决策。被各投资方共同控制的企业，一般称为投资企业的合营企业。

重大影响（联营企业）：对企业的财务和经营决策有参与的权利，但并不能够控制或者与其他方一起共同控制这些决策的制定。被投资企业如果受到投资企业的重大影响，一般称为投资企业的联营企业。

2. 从其他权益工具投资（可供出售金融资产）到长期股权投资整个过程的账务处理

1）追加股权投资后对被投资企业形成共同控制或具有重大影响

对合营企业或联营企业投资后，投资方应比较“初始投资成本”与“投资时应享有被投资方净公允价值份额”（有的书上称作“投资时应享有被投资方可辨认净资产公允价值份额”）：

若前者大于后者，则视为隐性商誉（Implicit Goodwill），比照《企业会计准则第 20 号——企业合并》作挂账处理，不再调整已确认的初始投资成本。

若前者小于后者，则视为负商誉（Negative Goodwill），比照《企业会计准则第 20 号——企业合并》作为营业外收入处理，按其差额借记“长期股权投资——成本”科目，贷记“营业外收入”科目。

长期股权投资与金融资产辨析图如图 3-1 所示。

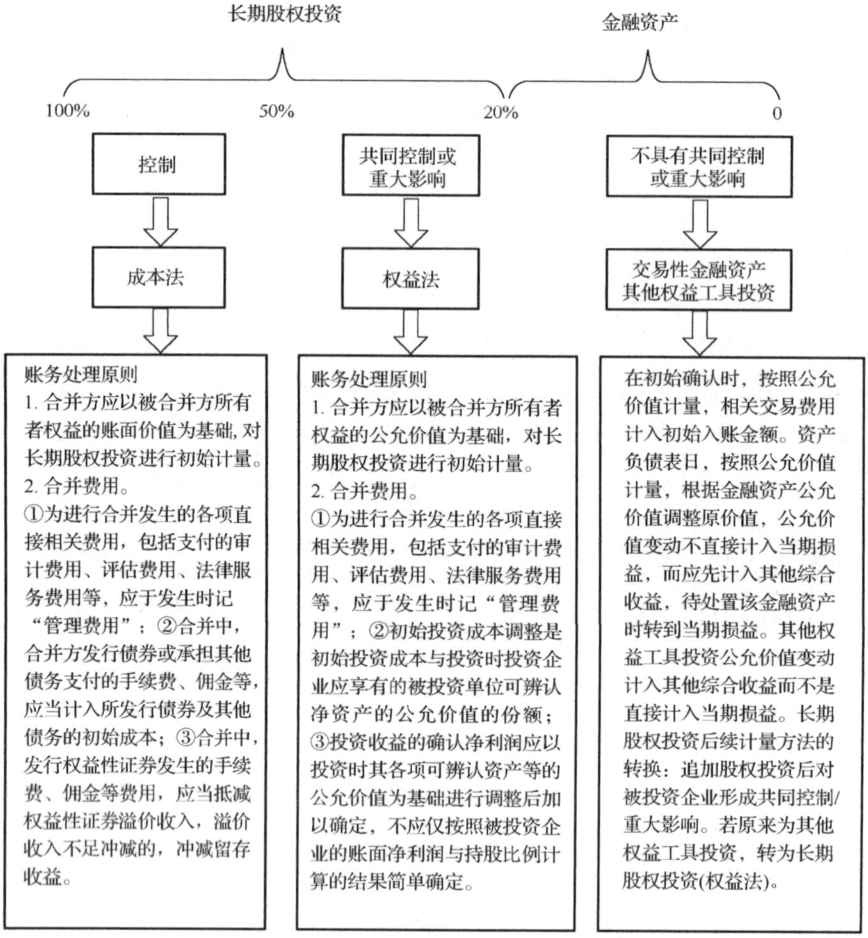

图 3-1 长期股权投资与金融资产辨析图

（1）可供出售金融资产核算。

2018 年新修订准则前的可供出售金融资产的初始计量：

借：可供出售金融资产——成本（公允价值与交易费用之和）

　　应收股利（已宣告但尚未发放的现金股利）

　　贷：银行存款等

2018 年新修订准则下的会计处理：

借：其他权益工具投资——成本（公允价值与交易费用之和）

　　应收股利（已宣告但尚未发放的现金股利）

　　贷：银行存款等

　　　　后续计量

可供出售金融资产持有期间取得的利息或现金股利，应当确认为投资收益。确认股利的会计分录如下。

借：应收股利

贷：投资收益

实际收到股利的会计分录如下。

借：银行存款

贷：应收股利

资产负债表日，应当以公允价值进行后续计量，公允价值变动计入所有者权益（其他综合收益）。

借：其他权益工具投资——公允价值变动（公允价值-账面价值）

贷：其他综合收益——其他权益工具投资公允价值变动

（2）将可供出售金融资产（2018 年之前准则规定科目）转为长期股权投资核算。

2018 年新修订准则前的会计处理：

借：长期股权投资——成本

贷：可供出售金融资产——成本

可供出售金融资产——公允价值变动

2018 年新修订准则下的会计处理：

借：长期股权投资——成本

贷：其他权益工具投资——成本

其他权益工具投资——公允价值变动

将原累计计入其他综合收益的公允价值转入投资收益（即变更时的公允价值-原始投资成本）。

借：其他综合收益——公允价值变动

贷：投资收益

投资的公允价值小于按照公司持股比例计算的应享有被投资方可辨认净资产公允价值份额的差额计入营业外收入。

借：长期股权投资

贷：营业外收入

2）权益法下投资损益的确认

（1）投资收益的确认。

借：长期股权投资——损益调整

贷：投资收益

净利润以投资时各项可辨认资产的公允价值为基础进行调整后加以确定。

投资企业与投资企业之间发生内部交易，未实现的内部损益属于投资企业享有的份额，投资企业再确认投资收益时应予以扣除。

（2）投资损失的确认。

借：投资收益

贷：长期股权投资——损益调整

3. 股权投资会计核算方法变更对 Y 集团的财务影响

1）对 ZX 公司投资的财务影响

2018 年 3 月 29 日，Y 集团在二级市场买入 ZX 公司 0.1 万股，持股比例达到 5%。根据相关会计准则，只要公司持有标的公司 5%以上股票且向标的公司董事会派驻非执行董事，标的公司对 Y 集团的性质就可以从一笔投资转变为联营公司。公司董事会根据修订前的准则规定，认为应当将 ZX 公司的会计核算方法由可供出售金融资产变更为长期股权投资并以权益法确认损益。

依据《会计会计准则》规定，不同的科目有不同的计价方式，在“可供出售金融资产”中，计价方式就是二级市场的股价，也就是每股 10.98 港币。在“长期股权投资”中，计价方式就是可辨认净资产公允价值，也就是账面净资产，此时每股价格变成了每股 18.94 港币（即每股净资产）。当会计核算方法变更后，ZX 公司每股立刻多了 7.96 港币，ZX 持股 14.5 亿股的结果就是增加了非经常性收入约 93 亿元人民币，使公司净利润增加约 93 亿元，从而使 Y 集团股价提升。

2）对 NB 公司投资的财务影响

基于对 NB 公司未来发展的信心，Y 集团有意长期持有 NB 公司的股份，自 2013 年 12 月 2 日起 Y 集团从二级市场陆续买入 NB 公司的股份。截至 2013 年 12 月 31 日，Y 集团累计持有 NB 公司 10.10%的股份，为 NB 公司第三大股东。因此，Y 集团董事会认为公司对 NB 公司的经营决策具有重大影响，Y 集团目前持有 NB 公司 10.10%的股份，且直接参与了董事会的运作，对其经营决策具有重大影响。

因此，会计核算方法由可供出售金融资产变更为长期股权投资并以权益法确认损益。

截止到 2013 年 12 月 31 日，NB 公司股价收盘仅为 4.93 元/股，远低于 2009 年的 11.63 元/股。由于银行股利润稳定但估值普遍偏低，Y 集团选择此时变更对 NB 公司的会计核算方法，会计核算方法变更在 2014 年第一季度当期给 Y 集团贡献了投资收益约 1.67 亿元，2014 年上半年贡献投资收益约 3.46 亿元，使投资板块利润同比增长了逾 12 倍。从 2014 年度业绩来看，Y 集团持有 NB 公司的投资收益约 6.33 亿元，加上其他综合收益累计，由此增厚当期净利润约 6.43 亿元。如果 Y 集团不进行会计核算方法变更，同样的投资则只增加 2013 年度净利润约 1.45 亿元。

因此，对 NB 公司会计核算方法的变更，既可以使 Y 集团不再受投资的公允价值下降的影响；又可以每年获得与投资标的净利润挂钩的稳定的投资收益。变更为长期股权投资后，所产生的公允价值与账面价值之间的差额，以及原计入其他综合收益的累计公允价值变动将计入当期损益，由此增加 2014 年净利润约 6.43 亿元。

4. Y 集团对 ZX 公司和 NB 公司股权投资的决策合适性分析

1）对 ZX 公司变更会计核算方法的分析

ZX 公司前两大股东持股比例达 78.13%，在其股东大会的表决权上，前两大股东占有绝对优势，增持后 Y 集团持股比例仅为 5%。在其他股东持有股份相对高度集中的情况下，5%有表决权的股份通常并不足以达到重大影响；同时董事会由 17 名董事组成，Y 集团通过其在董事会中 1/17 的席位对 ZX 公司实施的影响是非常有限的。13 名非执行董事中有 11 名非执行董事均在相关委员会中任职，但 Y 集团派出的董事在上述委员会中未担任任何职务，并且对 ZX 公司的战略计划及经营活动并无任何实质上的决策权。

由此我们认为，Y 集团简单地以上述对 ZX 公司增持股份并委派 1 名非执行董事而判断其能够对 ZX 公司施加实质性重大影响的依据不充分，作用不明显，委派执行董事的做法无意义，因此 Y 集团通过股东大会参与 ZX 公司的经营及财务决策施加影响的量级不够，Y 集团对 ZX 公司改按权益法核算的决策不合适。

2）对 NB 公司变更会计核算方法的分析

NB 公司前两大股东持股比例达 31.76%，其他股东持股高度分散。截至 2013 年 12 月 31 日，Y 集团累计持有 NB 公司 10.10%的股份，具有重大影响，为 NB 公司第三大股东，与此同时，会计核算方法的变更并没有因为由可供出售金融资产转为长期股权投资而对利润产生影响，因此我们认为 Y 集团对 NB 公司改按权益法核算比较合适。

3.5 案例小结

1. 尊重交易的实质而非形式

正如 Y 集团对 ZX 公司增持并委派 1 名非执行董事，从定义的角度上讲，满足联营企业的条件，从准则上看是符合权益法的，但实际上该董事并没有担任任何职务，所以判断其能够对 ZX 公司施加实质性重大影响的依据不充分，更达不到对 ZX 公司产生重大影响的控制程度。同时，2018 年净利润增加的这 93 亿元人民币只是账面收益，即使 Y 集团当即出售这些股份也无法实现 93 亿元的收益。

《企业会计准则》的具体规范在指导企业实践过程中存在一定的局限性和差异性，会计活动的首要要求就是遵从实际内容，实事求是。作为会计从业者，要有独立的精神、负责任的态度，以及专业的职业判断能力，要对企业每一项交易和事项的会计处理予以足够的重视，尤其是要高度重视对会计信息质量具有重大影响的交易和事项的经济实质，不能仅仅以准则和标准来判定实际所发生的事实，要具体问题具体分析。

2. 坚守本分，合理创新

Y 集团应不断强化其纺织服装主业的发展，在做好主业的同时，有余力再拓展其投资和房地产业务，投资时要知道高收益同时也伴随着高风险，风险来临时采取投机的、不恰当的“创新”是行不通的。无论是企业的发展还是个人的生存，都应坚守本分，合理创新。同样，企业的管理层或者财务人员亦应如此，作为管理层或者财务人员更需要坚守本分做好本职工作，以原则为导向，依靠先进的技术方法解决企业发展中遇到的问题，进行合理创新。

第4章

DZJG公司研发费用资本化增厚业绩的案例

4.1 案例背景

DZJG公司创立于1999年，于2004年上市，2005年完成股权分置改革，是一家提供激光、机器人及自动化技术在智能制造领域的系统解决方案的高端装备制造企业。其业务广泛，包括研发、生产、销售激光标记设备、激光切割设备、激光焊接设备、PCB专用设备、机器人、自动化设备及为上述业务配套的系统解决方案。

1996年，创始人高某的一位朋友拜托高某帮忙维修几套从国外购买的激光打标设备，在维修过程中，高某掌握了激光打标设备的原理。随后，高某于1996年11月18日创办了公司，取名为“HAN'S”，寓意做中国自己的激光，开始自己生产设备，并于1999年改名为DZJG公司。

作为一家新成立的公司，DZJG公司面临着多重困难，没有多少人愿意购买一家不知名企业生产出来的激光设备。经过不断摸索调整，DZJG公司最终采用了先给客户使用设备，客户的产品卖出以后再支付的销售策略，慢慢地打开了市场。

此后，在高某的领导下，DZJG公司越做越大，并于2004年在深圳中小板上市。由于优秀的业绩，DZJG公司受到了各路资本的欢迎，这使其募集了充足的资金。高某将这些资金大量用于研发和制造激光器等核心器件，极大地提升了公司的核心竞争力。不仅如此，DZJG公司还放眼于国际市场，经过两次海外并购，DZJG公司俨然成为一家国际企业，产品也远销世界各国。

从1996年到现在，DZJG公司已然从一家无技术、无资金的民营企业，逐渐成长为国内激光加工设备的龙头，DZJG公司的成长轨迹也是中国新兴制造企业从立足、追赶再到突破的典型代表。DZJG公司主要从事激光加工设备的研发、生产和销售工作，是亚洲最大、世界知名的激光加工设备生产厂商，年均增长率达60%。同时也是深圳国家科技成果推广示范基地重点推广示范企业、国家规划布局内重点软件企业、深圳市光学光电子行业协会会长单位、深圳市软件行业协会会长单位，被中华人民共和国国家发展和改革委员会认定为国家高新技术产业化示范工程项目的实施单位。2002年，DZJG公司一举成为国内乃至亚洲最大的激光设备制造商，激光标记设备的国内市场占有率达到71.96%，2004年成为国内首家以激光为主业的上市公司，现已成为全球激光标记设备产销量最大的公司。公司于 2017 年加大科技投入力度，加强产品创新，科技研发开发投入约 8 125.55 万元，约占公司销售收入的 5.47%，同比增长 126.31%。

激光行业空间巨大，增长迅速。全球近 10 年的复合增长率为 14%，中国为 34%，涉及工业制造、信息通信和医疗行业等领域。目前，国内制造业激光设备使用率仍旧较低，随着精细化制造业的推进，激光应用也将从打标、焊接等轻工领域，逐渐发展到大功率切割、热处理、PCB 专用设备、印刷等领域。

DZJG 公司市场拓展能力突出。公司从打标机出身，通过收购整合快速学习其他行业的知识，依次做大了焊接、印刷等行业。公司以良好的激励制度和优秀的管理文化为基础，对下游客户进行引导示范推广，结合客户需求开发激光配套设备。另外，完善的售后服务、较高的性价比使公司极富竞争力。

DZJG 公司 2017 年年报披露，公司实现营业收入约 148 555.54 万元，净利润约 16 820.28 万元，同比分别增长 73.93%和 85.57%，每股收益 0.45 元。公司拟每 10 股分配现金股利 1 元（含税），以资本公积转增股份。年报显示，根据新会计准则（2018 年），2017 年公司技术开发费用得以资本化，相比旧会计准则，此举增加公司利润约 1 785.75 万元，占公司净利润总额的 10%。

4.2 案 例 训 练

（1）如何划分研究阶段和开发阶段？

（2）结合案例资料，说明新会计准则规定研发费用可以资本化这一政策对企业利润有何影响。

（3）新会计准则是否能在一定程度上推动企业研发活动的开展？

（4）DZJG 公司的研发费用资本化处理对于其企业利润和盈余管理有怎样的影响？

4.3 案 例 提 示

“研发费用资本化”，顾名思义，是跟研发有关的费用，是企业为了开发新技术、新产品、新工艺所发生的费用。

在会计记账中，研发费用可以分为研究阶段的费用和开发阶段的费用。

在研究阶段，项目不一定成功，这个时候所产生的费用需要计入支出。

在开发阶段，项目未来是要产生盈利的，这个时候费用也分两部分：支出和资本化。如果项目成功，则费用可以资本化，后期可以进行多期摊销，提高资产负债表中的利润。

企业研发费用（即原技术开发费）是指企业在产品、技术、材料、工艺、标准的研究、开发过程中发生的各项费用。《企业会计准则第 6 号——无形资产》规定，研究费用计入当期损益，开发费用在符合一定条件时予以资本化，计入无形资产。

研发无形资产的过程分为研究阶段和开发阶段，对研究阶段和开发阶段发生的费用区别对待：对于研究阶段发生的费用进行费用化处理；对于开发阶段发生的费用，在符合相关条件的情况下，允许资本化，将研发支出归入无形资产中定期进行摊销。

企业自行开发无形资产发生的研发支出，不满足资本化条件的，借记本科目（费用化支出），满足资本化条件的，借记本科目（资本化支出），贷记“原材料”“银行存款”“应付职工薪酬”等科目。

企业以其他方式取得的正在进行中的研究开发项目，应按确定的金额，借记本科目（资本化支出），贷记“银行存款”等科目。以后发生的研发支出，应当按照上述规定进行处理。

研究开发项目达到预定用途形成无形资产的，应按本科目（资本化支出）的余额，借记“无形资产”科目，贷记本科目（资本化支出）。期末，企业应将本科目归集的费用化支出金额转入“管理费用”科目，借记“管理费用”科目，贷记本科目（费用化支出）。

（1）研究阶段的支出全部费用化，计入当期损益。研究阶段是一个技术可行性的探索阶段，一项研究项目可能与好几个开发项目有关，有的开发项目能够取得成功，有的开发项目却遭遇失败，很难辨别哪些研究费用属于成功开发项目，哪些研究费用属于失败开发项目，所以能否给企业带来经济效益具有不确定性，风险性大，相关成本难以计量，将其费用化是遵循了谨慎性原则。

（2）开发阶段的支出符合资本化条件的，才能确认为无形资产；不符合资本化条件的计入当期损益。开发阶段是将研究成果应用于实践，将技术转化为产品的阶段，因而带来经济效益的确定性高，因此将技术上可行、项目成功可能性大、产生未来经济利益的可能性高、相关成本能够计量的开发费用确认为资产是合理的。这种处理符合费用与资产的确认条件，符合权责发生制原则。

（3）无法区分研究阶段支出和开发阶段支出时，应当将其所发生的研发支出全部费用化，计入当期损益。研究、开发这两个阶段无法完全区分，往往是二者相互渗透，研究中有开发，开发时也还要进行研究。因此，对无法区分的研究阶段支出和开发阶段支出，计入当期损益，而不需要人为地将研究阶段、开发阶段分开，给会计处理造成主观性和随意性，并以此作为调节利润的手段。

4.4 案例分析

（1）划分研究阶段和开发阶段，应根据《企业会计准则第 6 号——无形资产》规定进行。

第七条　企业内部研究开发项目的支出，应当区分研究阶段支出与开发阶段支出。研究是指为获取并理解新的科学或技术知识而进行的独创性的有计划调查。开发是指在进行商业性生产或使用前，将研究成果或其他知识应用于某项计划或设计，以生产出新的或具有实质性改进的材料、装置、产品等。

第八条　企业内部研究开发项目研究阶段的支出，应当于发生时计入当期损益。

研究活动的例子：意在获取知识而进行的活动（如该企业为获取相关专利和技术而开展的相关研究及活动）；高水平激光技术的研究成果或其他知识的应用研究、评价和最终选择；高科技工业品产出所需的材料、设备、产品、工序、系统或服务替代品的研究；新的或经改进的材料、设备、产品、工序、系统或服务的可能替代品的配制、设计、评价和最终选择等。

研究阶段基本上是探索性的，是为进一步的开发活动进行资料及相关方面的准备，已经进行的研究活动将来是否会转入开发、开发后是否会形成无形资产等均具有较大的不确定性。在这一阶段一般不会形成阶段性成果。研究支出一般进行费用化处理，计入当期损益，进而影响利润。

开发活动的例子：激光技术多领域应用原型和模型的设计、建造和测试；含新技术的工具、夹具、模具和冲模的设计；不具有商业性生产经济规模的试生产设施的设计、建造和运营；新的或经改造的材料、设备、产品、工序、系统或服务所选定的替代品的设计、建造和测试等。

相对于研究阶段而言，开发阶段是已完成了研究阶段的工作，在很大程度上具备了形成一项新产品或新技术的基本条件。开发支出符合资本化条件的应当资本化，反映企业无形资产开发阶段的支出部分，其中研究开发项目达到预定用途形成无形资产的应当计入无形资产。开发支出项目应当根据“研发支出”科目中所属的资本化支出明细科目期末余额填列。

（2）第九条　企业内部研究开发项目开发阶段的支出，同时满足下列条件的，才能确认为无形资产：

（一）完成该无形资产以使其能够使用或出售在技术上具有可行性；

（二）具有完成该无形资产并使用或出售的意图；

（三）无形资产产生经济利益的方式，包括能够证明运用该无形资产生产的产品存在市场或无形资产自身存在市场，无形资产将在内部使用的，应当证明其有用性；

（四）有足够的技术、财务资源和其他资源支持，以完成该无形资产的开发，并有能力使用或出售该无形资产；

（五）归属于该无形资产开发阶段的支出能够可靠地计量。

第十条　企业取得的已作为无形资产确认的正在进行中的研究开发项目，在取得后发生的支出应当按照本准则第七条至第九条的规定处理。

第四条　无形资产同时满足下列条件的，才能予以确认：

（一）与该无形资产有关的经济利益很可能流入企业；

（二）该无形资产的成本能够可靠地计量。

第五条　企业在判断无形资产产生的经济利益是否很可能流入时，应当对无形资产在预计使用寿命内可能存在的各种经济因素做出合理估计，并且应当有明确证据支持。

企业研究阶段发生的支出，应予以费用化。企业应根据自行研究开发项目在研究阶段发生的支出，借记“研发支出——费用化支出”科目，贷记有关科目；期末应根据发生的全部研究支出，借记“管理费用”科目，贷记“研发支出——费用化支出”科目。

企业内部研发项目的支出，应当区分研究阶段支出与开发阶段支出。研究费用依然进行费用化处理；进入开发阶段后，开发过程中的费用如果符合相关条件，就可以资本化。企业研发费用还可按实际发生额的150%抵扣当年度的应纳税所得额，对于开发新技术、新产品、新工艺的研发费用，还允许加计扣除（在原有100%的基础上再加一个比例）。这些都是鼓励企业加大研发投入的规定。

研发支出费用化往往导致公司，尤其是研发密集型公司的价值被低估。现在，部分研发支出的资本化能增加企业的资产，使企业财务状况有一定程度的好转，《企业会计准则》对研发费用资本化和高比例税前扣除的规定将使众多高科技型中小板上市公司从中获益，DZJG公司仅仅是一个开始。

DZJG公司2017年无形资产情况如表4-1所示。

表4-1　DZJG公司2017年无形资产情况

项目	2017.12.31	2016.12.31
项目开发支出/元	22 471 786.89	—

无形资产期末数为公司执行新会计准则后确认的内部研究开发项目开发阶段的资本化支出，截至2017年12月31日，相关开发项目尚未完成。表4-1中，项目开发支出余额中包括尚未消耗的材料683万元（按旧会计准则该部分未消耗掉的材料亦不计入损益）及人工费等其他项目共计1 564万元。《企业会计准则第38号——首次执行企业会计准则》规定，研究开发费用的会计政策变更采用未来适用法，此项变更增加2017年度利润1 785.75万元。

《企业研究开发费用税前扣除管理办法》相关规定：

研发费用计入当期损益未形成无形资产的，允许再按其当年研发费用实际发生额的50%，直接抵扣当年的应纳税所得额（对于制造业，按其当年研发费用实际发生额的100%直接抵扣）。

研发费用形成无形资产的，按照该无形资产成本的150%在税前摊销（对于制造业，按照该无形资产成本的200%在税前摊销）。除法律另有规定外，摊销年限不得低于10年。

（3）在实际情况中，开发和研究很难区别，同一活动认定为研究或是研发，会使利润表在不同时点产生变化，因此也给相关公司带来了很大的利润调控余地。据统计，我国研究与开发费用仅占 GDP 的 0.83%，而世界发达国家的平均比重为 2%，其中美国高达 2.53%。研发力度的不足与此前会计政策的谨慎保守不无关系。

新会计准则把企业内部研究开发项目的支出区分为研究阶段支出和开发阶段支出。研究具体是指取得同时熟悉全新的科学及技术知识而实施的创新性计划调研，属于摸索性行为。企业的研究活动为其未来的开发活动预先准备可能需要的实施资料。同时，企业已开展的研究活动并不一定会转化为开发行为，未来是否会对相关项目进行开发、是否会形成无形资产存在着不确定性。开发是指实施商业性生产前，把研究成果运用在具体计划及设计过程中，进而生产出全新的产品等，其主要的特征就是完成了研究阶段的主要工作，在一定层次上产生了全新的产品。新会计准则规定对研究阶段支出及开发阶段支出必须依次进行处置：企业内部研究开发项目研究阶段的支出，发生时计入当期损益，完成研究后进入开发阶段所形成的支出在符合一定标准后允许资本化。《企业会计准则——应用指南》详细指出，为核算企业研究及开发无形资产阶段出现不同类型的支出，设置“研发支出”会计科目，这种科目必须依据研究开发项目，依次按照费用化支出与资本化支出进行详细核算。所以，区分费用化支出及资本化支出的重点在于对企业自行研发无形资产所产生的不同费用进行准确的会计核算。新会计准则还规定，企业研究阶段的支出全部费用化，纳入当期损益，同时把开发阶段满足无形资产明确条件的开发支出进行资本化，同时还严格规定了开发支出资本化的相关条件。《企业会计准则——应用指南》还提出，很难划分研究阶段支出及开发阶段支出的情况，必须把其所产生的研发支出全部费用化，纳入当期损益，研发支出很难确定在研究阶段及开发阶段进行分配的情况，必须纳入当期损益。所以，得出结论，开发阶段的支出并不是在所有情况下都可以实现资本化。同时，《企业会计准则第 6 号——无形资产》还进行了详细规定：如果属于自行研发的无形资产，其成本包括自满足本准则第四条及第九条规定后至达到预定用途前所发生的支出总额，但是对以前期间已费用化的支出不再调整。若企业自行研发的无形资产已成功投入生产并已成功依法取得相关专利后，该项目已纳入各期的研究及开发费用严禁实施追溯调整及优化。

《企业会计准则第 6 号——无形资产》做出了详细的规定：企业获取的已作为无形资产确认的正在进行中的研究开发项目，在获取后发生的支出必须依据应本准则第七条至第九条中的规定进行处置。其中，需要特别注意“已作为无形资产确认”和“正在进行中的研究开发项目”。如果属于已作为无形资产确认，在获取时必须按照明确的金额进行资本化支出，获取后追加支出，通常出现会以下几种情况。首先，这种无形资产获取的时候，其研究阶段已完成，获取后大部分是继续进行开发，那么其后续支出在符合相关规定的情况下，可进行资本化，纳入资本化支出；其次，如果企业在获取该项无形资产后，必须在之前的基数上实施全新的研究及开发，那么其后续支出属于全新的无形资产研究项目，按照开发阶段，实施会计核算，也就是对研究阶段的支出费用化，对开发阶段的支出必须在符合资本化的条件下，进行资本化。所以，企业获取的已经作为无形资产确认的正在进行中的研究开发项目的之后支出，该怎样依次纳入费用化支出及资本化支出，会计人员需要联系实际情况进行判断。

而新会计准则对鼓励企业加大研发投入也颇有成效。DZJG 公司在年报中称，2017 年公司科技研发投入约 8 125.55 万元，约占公司销售收入的 5.47%，同比增长 126.31%；申请各种专利 211 项，同比增长 145.35%，专利申请数达历史最高水平。公司年报称，随着公司销售规模的扩大，产品领域不断拓展，公司流动资金面临困难。截至 2017 年 12 月 31 日，公司资产负债率已达 53%，由于公司固定资产较少，间接融资能力受到一定限制。对于资产负债率已“不堪重负”的高科技企业来说，新会计准则能降低其资产负债率，提高商业信用，帮助其扩大融资渠道。如果失去研发费用资本化的支持，再融资的难度无疑又提高了不少。

（4）随着我国企业自主创新能力的不断提升及社会创新氛围日益浓厚，如何计算研发成本并采取正确的会计处理方法，对企业财务管理来说具有很大的影响。对于高科技企业来说，科技研发是一项重要的经营活动。在日常经营过程中，企业研发投入占总投入比重较高时，研发对企业经营效益、竞争力和产品质量等会具有很大的影响。因此，高新技术企业必须注重研发支出的会计处理，这与其经营业绩有很大的关系，这也是众多高新技术及创新型企业利用研发支出来调节公司盈余的一大动因。

在竞争激烈的全球大环境下，作为以智能机器和仪器为主营业务的创新型公司，DZJG 公司以研发技术和专利等无形资产作为公司的核心竞争力来抢占市场份额。在 2014 年宏观调控对固定资产投资规模的抑制作用下，2015 年上半年对制造业还存在一定的滞后效果，2015 年上半年 DZJG 公司销售额仅比同期增长 8.17%，但 DZJG 公司依旧加大研发新产品的力度，比 2014 年增加了 101%的研发投入。同时，在 2015 年报告期内，公司主导的激光产品品种的增加、应用领域的拓展、进口替代能力的加强、市场份额的扩大均促进了当年主营业务收入、主营业务利润和净利润的大幅增长，这也让 DZJG 公司更有动力去加大对研发投入的力度。但 2016 年 DZJG 公司的资本负债率高达 52%，使该年研发支出仅比同期增长 32.9%，研发支出增长率下降近 70%。

DZJG 公司因加大新产品研发力度而增加的研发支出会使其利润减少，为了满足公司研发支出的快速增长需求，同时减轻利润下滑对资本结构产生的压力，DZJG 公司于 2017 年开始实行研发支出有条件的资本化会计处理方式，当年研发支出同比增长 126.31%，占企业总销售收入的 5.47%。公司当年最新研发的一款激光焊接机成功上市，激光 PCB 设备市场拓展取得重大突破，有效地提高了公司产品的竞争力，也填补了国内多个行业的空白。除此之外，公司在医疗设备、LED 设备方面有大量新产品投入运营，并进入市场销售，这些都极大地刺激了公司对研发的投入。据统计，DZJG 公司仅 2017 年就申请 211 项专利，同比增长 145.35%，申请的专利数达历史最高水平。

此外，从 2018 年下半年开始持续到 2019 年，市场环境的变化导致 DZJG 公司 2018 年和 2019 年的营业利润和净利润呈下降趋势，但在如此不利的经济环境下，DZJG 公司依然大力增加对研发的投入。为了保证公司净利润不至于亏损，且能继续加大对研发的投入力度，DZJG 公司选择利用资本化研发支出来调节盈余。

根据年报数据可知，2014 年到 2016 年，DZJG 公司研发支出的会计处理方式是全部费用化处理。2017 年年报披露，DZJG 公司开始使用研发支出有条件的资本化会计处理方式，同时该公司的研发支出资本化情况从 2017 年起开始在年报中披露。自 2017 年 DZJG 公司使用有条件的资本化会计处理方式后，其研发支出一直稳定地增长，平均增长率为 37.48%，公司的研发支出平均资本化率为 13.23%。可以看出，DZJG 公司在理论上符合创新开发型公司研发投入多、研发强度大的标准。由于 DZJG 公司的研发支出资本化率在 2017—2019 年比例较高，且仅 2018 年和 2019 年两年出现研发支出资本化的正增长但是同期其企业经营状况并不乐观，所以其存在利用资本化研发费用来维持净利润同时调节盈余的嫌疑。

此外，年报中还披露，2017 年项目开发支出为 2 247.18 万元，2018 年项目开发支出为 3 747.57 万元，均在年度内未完成相关的开发项目，余额中包括尚未消耗的材料费和人工费等其他项目费用，但管理费用下的研发支出分别结转了 221.75 万元和 1 349 万元，确认为无形资产。2015—2017 年研发支出结转确认为无形资产的比例较低，数额较少。

DZJG 公司 2015—2019 年每年费用化研发支出均保持增长，其中研究开发人员工资和研究开发耗用材料费用均保持增长，研究开发耗用材料费用五年中增长近 7 倍，而年报中研发激光设备型号从 2015 年的 90 余种到 2019 年的 300 多种，侧面证实了研究开发耗用材料的费用大幅度增长。从研究开发费用占营业收入的比例看，2015 年占比 4.86%下降至 2017 年的 3.47%，之后上升到 2019 年的 5.98%，变动幅度较小且 2017 年占比最小。

就研发与支出的界限合规性来说，DZJG 公司在年报财务报表附注中说明的研究开发费用核算方法是符合新会计准则规定的，即研究阶段的支出计入当期损益，开发阶段的支出满足资本化五个条件的确认为无形资产，但在会计报表重要项目注释和其他报表中，并未对该年的研究和开发支出如何区分进行披露。2017 年和 2018 年年报中，DZJG 公司虽然把开发支出的一部分确认为无形资产并进行摊销，但没有对开发支出的具体表现进行说明，如确认为无形资产的属于哪几项研发项目、这几项研发项目是否在技术上可行并投入市场、确认为无形资产的研发项目进度百分比等，并不符合 DZJG 公司对研究与开发支出的界限确认要求，也不符合新会计准则的规定。

就其已经资本化的无形资产摊销来说，按新会计准则中对无形资产后续计量的规定，公司应对无形资产的寿命进行评估确定，并按照确定的寿命年限进行直线摊销，如无法确定寿命，则不进行摊销。DZJG 公司年报中并未对确认为无形资产的开发支出进行使用寿命的评估确定，也未列明该无形资产的使用年限，不应进行摊销，但 2017 年年报披露当年对转入无形资产的 221.75 万元已摊销 9.25 万元。此外，其余年报中并未对此类无形资产是否摊销进行数据和文字说明。因此，DZJG 公司对开发支出中确认为无形资产的摊销情况不符合新会计准则中无形资产后续计量的规定。

2017 年的研发员工人数比 2015 年的研发员工人数多两倍，但 2017 年研发人员工资却低于 2015 年研发人员工资，年报中并未对研发人员的具体工资情况进行说明，并不能得知是否存在隐瞒工资信息从而进行研发支出转移的情况。此外，DZJG 公司年报中也未对研发阶段耗用的材料明细进行说明。同时，自 2010 年开始，公司年报便无针对费用化研发支出有明细的说明，而是直接把其总额列入管理费用中。因此，DZJG 公司可能通过模糊或不列支研发支出明细情况的方式对实际研发支出的情况进行隐瞒。由于新会计准则中未对研发支出的明细列支进行要求，DZJG 公司的研发支出虽存在疑点，但也符合新会计准则的规定。

此外，2015—2017 年的研发支出逐年递增，可以证明 DZJG 公司对研发支出会计处理方式的改变会促使公司更大力度地进行研发和创新，但研发支出仅在第一个进行研发支出资本化处理的年度，即 2017 年，存在最大幅度的增长，且 2017—2019 年研发支出的资本化率远高于其他年度的资本化率，这对公司的盈余水平有很大影响。2017 年，营业收入增长率高达 80.51%，净利润增长了一倍多，研发支出资本化率为 27.66%，处于较高水准。2018 年和 2019 年连续两年出现净利润的负增长状况，同时这两年研发支出资本化率高达 32.07%和 22.79%，如果将这两年的研发支出资本化率调整至后期较为保守的 3%的资本化水平，会导致 2018 年和 2019 年当期管理费用分别增加 3 318 万元和 2 435 万元，按照当年的税率计算，分别减少当年净利润 2 820.3 万元和 2 069.8 万元，最后使 2019 年净利润骤降 60%以上。因此，DZJG 公司存在在 2017—2019 年巧妙地利用研发支出资本化，达到优化公司 2017 年经营业绩、平稳 2018 年和 2019 年利润目的的嫌疑，盈余管理明显。

综上所述，DZJG 公司研发支出的会计处理并不完全符合新会计准则的规定，其在 2017—2019 年利用研发支出的会计处理进行利润修饰明显。

4.5 案例小结

我国现代化、科技化的总体方向决定了企业必须重视自我的知识技术和科学技术的创新及发展。随着企业在发展过程中越来越多地运用科技创新的理念，企业的科学技术创新也逐步开始成为企业的主要竞争力。企业有关的科技研发支出上的管理逐步开始成为非常重要的管理内容。另外，国家颁布了相关税收优惠政策及法规，在很大程度上保障了企业科技研发的有效实施。但是，研发费用的不合理资本化以虚增企业利润的行为也时有发生，需要引起相关部门的注意。广大财务人员也应当提高自身素养，减少相关财务舞弊事件的发生。

第 5 章

LS 网关联方交易案例

5.1 案例背景

5.1.1 关于 LS 网

LS 网全称为“LS 网信息技术（北京）股份有限公司”，2004 年成立于北京，享有国家级高新技术类企业资质，致力打造基于视频产业、内容产业和智能终端的“平台+内容+终端+应用”完整生态系统，这一模式又被业界称为 LS 模式。LS 网的主要业务包括互联网视频、影视制作与发行、智能终端、应用开发、电子商务、智能电动汽车等。LS 网旗下公司包括 LS 网、LS 影业、LS 体育、LS 移动、网酒网及 LS 控股等。

2007 年，LS 网低价购买了大量电影、电视剧的版权，踩中了视频网站转型的风口。2007 年至 2014 年，在当时视频网站普遍尚未盈利的情况下，LS 网在财报上实现了盈利。2010 年 8 月，LS 网在中国创业板上市，是该行业全球首家 IPO 上市公司，一举成为“A 股网络视频第一股”。2015 年，LS 网宣称超级电视年内销量达到了 300 万台、LS 超级手机年内销量达到 400 万台，LS 网的股价也在 2015 年 5 月 12 日达到历史最高点 179.03 元。2016 年 11 月，贾某在内部信中承认，LS 网的资金状况出现了问题。2017 年 5 月，LS 网大裁员，并且遭供应商催债。两个月后，贾某丢下 LS 网的烂摊子，以帮助旗下 FLDWL 公司完成融资为由出走美国。同年 11 月 10 日，LS 网发布公告，称贾某在回函中表示无力履行无息借款与增持承诺，深表歉意。2019 年 4 月 29 日，LS 网收到中国证券监督管理委员会（以下简称“中国证监会”）的调查通知书。因 LS 网及贾某涉嫌信息披露违法违规等行为，中国证监会决定对 LS 网及贾某立案调查。

2019 年 11 月 1 日，LS 网收到北京市第三中级人民法院通知，其须于 11 月 7 日前支付诉讼费 612 万元，否则视为撤诉，其目前办公场所将被强制腾退。“公司目前存在因支付巨额诉讼费，或将导致现金流断裂的风险。”2020 年 5 月 14 日，LS 网股票被终止上市。2020 年 6 月 5 日，LS 网进入退市整理期，7 月 21 日起 LS 网终止上市交易，20 日成 LS 网最后一个交易日，最终股价收报 0.18 元，总市值 7.18 亿元，较高峰时的 1 700 亿元市值蒸发 99%以上。2021 年 2 月，LS 视频的安卓版 App 在 9.24 版本中将图标进行了更新，显示“欠 122 亿”的字样，引发了广泛讨论，LS 视频对此回应称此次软件图标的更新不会影响用户观看视频内容。同年 4 月 12 日，LS 网发布公告称，因公司 2007 年至 2016 年间连续十年进行财务造假等，北京证监会对其合计罚款 2.4 亿元。

5.1.2 LS 网关联方交易

2018 年 4 月 27 日，LS 网发布了 2017 年年报，审计意见类型为无法表示意见。形成无法表示意见的原因主要是涉及应收账款及其他应收款的事项、无形资产减值的事项、应付账款的事项不明确。其中，应收账款事项描述显示（如“七、合并财务报表项目注释 5.应收账款”及附注“七、合并财务报表项目注释 9.其他应收款”所述），公司对预计无法偿还的除关联方以外的其他单项金额重大及单项金额不重大的应收账款和其他应收款计提了坏账准备，公司没有提供其计提比例的具体依据，亦没有提供上述剩余应收款项的可回收性评估的充分证据等。通过对无法表示意见事项分析发现，LS 网的关联方交易有如下特点。

1. 关联企业数量多

LS 网 2015—2019 年关联企业数量统计如表 5-1 所示。

表 5-1　LS 网 2015—2019 年关联企业数量统计

关联企业类型		2015	2016	2017	2018	2019
子公司	全资	9	14	15	13	13
	非全资	4	3	3	2	2
合营和联营企业		1	2	2	3	3
其他关联企业		20	68	89	97	79
合计		34	87	109	115	97

数据来源：LS 网 2015—2019 年年报。

由表 5-1 可知，2015—2018 年 LS 网的关联企业数量一直保持增长势头，2018 年 LS 网关联企业达到 115 家，其中其他关联企业占 97 家。对应如此多的关联企业，其关联方交易必然错综复杂，因此 LS 网的关联企业交易中是否存在账务问题也令人生疑。此外，通过对 LS 网 2014—2016 年的年报分析发现，LS 电子商务及 LS 体育随着 LS 网对其股权的多次变动而自由地进出 LS 网合并报表。虽然关联方之间受同一控制人影响，其股权变更符合会计准则，但是 LS 网在这一方面的操作过于频繁和随意，又或者说 LS 网可能在人为地寻找漏洞，因为在关联方数量越多时，关联方交易也会更为隐蔽，也就更好操纵。

2. 关联方交易数额大

LS 网的关联方交易由两部分组成，一部分由销售商品、提供劳务形成；另一部分由采购商品、接受劳务形成。

LS 网关联方交易情况如表 5-2 所示。

表 5-2　LS 网关联方交易情况

年份	销售商品、提供劳务	营业收入	比率/%	采购商品、接受劳务	营业成本	比率/%
2015	163 848.07	1 301 672.51	12.59	271 024.08	1 111 200.91	24.40
2016	1 286 839.16	2 195 068.24	58.62	749 819.93	1 822 922.06	41.13
2017	407 140.13	702 521.58	57.95	115 406.75	970 671.00	11.89
2018	3 122.01	155 777.79	2.00	22 968.99	219 274.70	10.47
2019	8 494.93	48 554.82	17.49	27 297.24	36 861.58	74.05

数据来源：LS 网 2015—2019 年年报。

由表 5-2 可知，LS 网的关联方交易数额庞大，且逐年增长。2015 年，LS 网关联方交易流入额为 163 848.07 万元，占当期营业收入的 12.59%，而关联方交易流出额约 271 024.08 万元，占其当期营业成本的 24.40%；2016 年，LS 网的关联方交易中，销售商品、提供劳务为 1 286 839.16 万元，占当期营业收入的 58.62%，这一比率约为 2015 年的 5 倍，这一数据也表明 2016 年 LS 网超过一半的营业收入都是由关联方交易贡献的，同期采购商品、接受劳务为 749 819.93 万元，占当期营业成本的 41.13%。LS 网关联方交易数额大的特征，在 2015、2016 年的年报中表现得尤为明显。

5.1.3　LS 网关联方交易分析

1. LS 网关联方交易产生缘由

由 LS 网关联企业数量可以看出，2015—2018 年，关联企业数增长迅速，关联方交易数额庞大。2015—2016 年营业收入增长率接近 100%，2015 年关联方销售商品、提供劳务占营业收入的比率是 12.59%，而 2016 年竟达到 58.62%，这样看 LS 网营业收入的增长并不乐观。经分析发现，LS 网的关联方交易在 2015 年为 163 848.07 万元，而在 2016 年为 1 286 839.16 万元，数额猛增，与此同样产生变化的是 2016 年 LS 网的销售业务流程。

2016 年，LS 网的销售业务流程如图 5-1 所示。LS 网的销售业务流程在 2016 年发生了两次大的变动，销售链在原来的基础上多了两道手续：一是增加线上渠道 LS 电子商务（北京）有限公司（下称 LS 电子商务）和线下渠道 LP 营销服务（北京）有限公司（下称 LP 营销）；二是在一的基础上再增加 LS 智能终端科技有限公司（下称 LS 智能终端）。成立中间销售公司是电商平台销售货物的常用手法，但是 LS 网的这番操作无异于延长了销售流程，不仅回款慢，还会降低效率，这对自身的销售来说是不利的。进一步查看发现，LS 电子商务、LP 营销及 LS 智能终端这三家企业都是 LS 网的其他关联方。

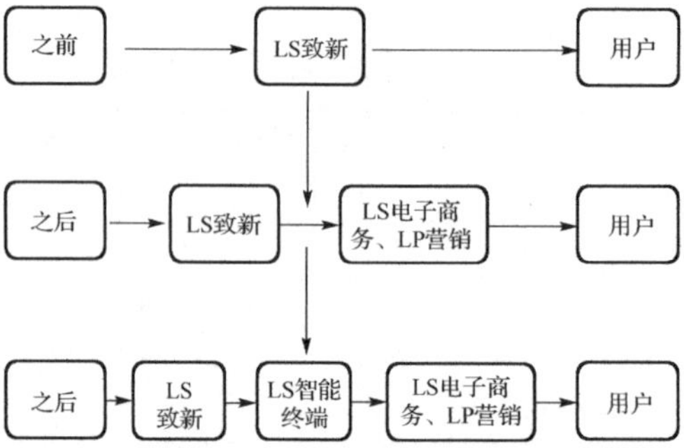

图 5-1　LS 网 2016 年销售业务流程

经过两层销售平台的倒手之后，本来 2015 年 LS 致新作为 LS 网的非全资子公司自行对外销售商品，亏损约 7.3 亿元，而 2016 年销售业务流程转变之后，LS 致新亏损约 6.3 亿元，亏损减少约 1 亿元；LP 营销和 LS 智能终端 2016 年关联方交易收入约为 92.5 亿元，而且产品销售是其主要业务，具体的交易价格无从得知；更重要的是经过销售业务流程变动之后，LS 网的营业收入大幅增加。

LS 网年末进行报表合并的时候，其与控股子公司间的关联交方易需要合并抵销，但是控股子公司之外的关联方不纳入合并报表范围内，与其进行的关联方交易收入（支出）不用抵销，列入合并利润表之中，成为营业收入（营业成本） 的一部分。虽然这符合会计准则的规定，会使 LS 网的合并报表更好看，但是通过多次在其他关联方之间倒手商品虚增出来的收入，并不能真正流入企业，对企业的发展来说没有太多实际意义，并且会使投资者因看到高额的收入产生误判，这不由得让人质疑其利润中注有不少水分。

2. 关联方应收应付款项分析

LS 网大额关联方交易带来了巨额关联方应收应付款项，应收账款是企业经营成果的表现，是营业收入的一部分，企业应该关注应收账款的回收能力。LS 网 2015—2019 年的关联方交易应收应付款项如表 5-3 所示。

从表 5-3 可以看出，2015—2018 年应收账款占营业收入的比例在连年增长，在 2018 年更是达到了 70.77%，这表明该公司的营业收入主要靠赊销来实现，流动资产方面具有很大的风险。2019 年该比例下降主要是因为营业收入大幅下降和应收账款大额的坏账核销，并非该公司的应收账款回收能力变强。2015—2016 年，关联方应收账款占应收账款总额的比例增长很快，截至 2017 年一直居高不下，2018

和 2019 年该比例有所下降，是因为关联方应收账款大量转销不能回收，而不是收回货款。由此让人不禁怀疑这些巨额应收账款是利用关联方交易的隐蔽性，来达到虚增收入的目的。

表 5-3 LS 网 2015—2019 年关联方交易应收应付款项

单位：万元

项目	2015 年	2016 年	2017 年	2018 年	2019 年
关联方应收账款①	46 355.37	379 803.46	173 459.60	24 292.20	6 161.17
应收账款②	335 968.31	868 585.51	361 440.80	110 242.50	24 617.00
营业收入③	1 301 672.51	2 195 068.24	702 521.58	155 777.79	48 554.82
比例 1=①/②	13.80%	43.73%	47.99%	22.04%	25.03%
比例 2=②/③	25.81%	39.56%	51.45%	70.77%	50.70%
关联方应付账款④	39 197.26	72 008.74	3 851.00	3 138.20	1 939.71
应付账款⑤	323 074.33	542 124.75	651 448.30	335 486.19	145 993.01
营业成本⑥	1 111 200.91	1 822 922.06	970 671.00	219 274.70	36 861.58
比例 1=④/⑤	12.13%	13.28%	0.60%	0.94%	1.33%
比例 2=⑤/⑥	29.07%	29.74%	67.11%	153.00%	396.06%

2015 年和 2016 年，关联方应付账款占应付账款的比例都在 10%以上，而 2017 年至 2019 年该比例却异常下降到了一个很小的值，其中有一部分原因是应付账款增加，但更可能是由于控制人人为操纵关联方交易的收款方，形成母公司的利得，以此实现向母公司的利益输送。应付账款占营业成本的比例在 2017 年便已过半，在 2018 年、2019 年更是分别达到了 153.00%和 396.06%。这表明企业每 1 元应付账款所需要的营业成本在飞速增长。

LS 网合并报表范围外的关联方交易在多个方面令人质疑。LS 网通过销售业务流程的改变等方式构造更多层级的关联方交易，达到增加营业收入的目的，又通过应收账款来隐藏其大额关联方交易，主要财务数据短期的增长的确会使报表数据更好看，吸引更多的投资者，但是从长期来看企业将面临资金回收的困境，如果资金不能有效回收，便会给企业带来更大的压力，使企业的财务状况急剧恶化，不利于企业的可持续发展。

3. 合并报表内关联方交易

合并报表内的关联方交易即为 LS 网与其合并范围内的非全资子公司之间发生的关联方交易。

2015—2019 年 LS 网非全资子公司经营情况如表 5-4 所示。从表 5-4 中可看出，近五年 LS 网的这两家非全资子公司营业收入数额大多为亿元级，可是净利润大部分呈现负值。

表 5-4　2015—2019 年 LS 网非全资子公司经营情况

单位：万元

子公司	2015		2016		2017		2018		2019	
	营业收入	净利润	营业收入	净利润	营业收入	净利润	营业收入	净利润	营业收入	净利润
LS 网文化	——	−103.07	——	−28.99	——	−1.99	——	2.80	——	−0.14
LS 云计算	56 239.50	−10 028.24	120 139.77	−1 761.99	100 778.89	−167 252.87	28 374.34	31 064.88	6 881.45	−10 179.65

2015—2019 年 LS 网少数股东损益情况如表 5-5 所示。从表 5-5 中可看出，由于非全资子公司近五年连续大额亏损，这两家公司按各自比例承担的少数股东亏损合计每年约 0.5 亿～2 亿元。如果这是实际经营的情况，那么少数股东也只能承担投资不慎的结果，但若是管理层有意为之，那么 LS 网的管理层则有通过控股和关联方交易操作非全资子公司利润，从而侵害少数股东权益之嫌。

表 5-5　2015—2019 年 LS 网少数股东损益情况

单位：万元

公司	2015		2016		2017		2018		2019	
	比例%	损益	比例%	损益	比例%	损益	比例%	损益	比例%	损益
LS 网文化	49.00	−50.50	49.00	−14.20	49.00	−0.98	49.00	1.37	49.00	−0.07
LS 云计算	40.00	−4 011.30	50.00	−376.35	52.79	−88 292.79	52.79	−16 399.15	52.79	−5 373.84
合计		−4 061.80		−390.55		−88 293.77		−16 397.78		−5 373.91

2015—2019 年 LS 网归属于母公司净利润情况如表 5-6 所示。从表 5-6 中可看出，近几年 LS 网的净利润由正转负，绝对值指增长趋势，其少数股东损益也变为负值。投资者更为关注的归属于母公司所有者的净利润也为负数。

深圳证券交易所（以下简称“深交所”）在 2014 年规定：净利润是指归属于母公司普通股股东的净利润，其中不包括少数股东损益金额。在这条规定下，LS 网更能堂而皇之地用“归属于母公司所有者的净利润”这一经过调整后的数据对投资者传递企业信息，影响更多投资者。

表 5-6　2015—2019 年 LS 网归属于母公司净利润情况

单位：万元

项目	2015	2016	2017	2018	2019
净利润①	21 711.68	−22 189.26	−1 818 4307.48	−573 368.64	−1 133 727.37
少数股东损益②	57 302.72	55 475.92	−1 387 804.48	−409 561.94	−1 127 892.45
归属母公司所有者的净利润=①−②	−35 591.29	−77 665.19	−430 626.26	−163 806.70	−5 834.92

LS 网 2015 年的营业收入为 1 301 672.51 万元，向关联方出售商品和提供劳务所获取的收入为 163 848.07 万元，占营业收入的 12.59%，这一数据为 2014 年的 28 倍。

采购商品和接受劳务共涉及 11 家关联方，交易金额在 2015 年达 271 024.08 万元，占公司营业成本的 24.4%。LS 网主营业务越来越依赖关联方交易，尤其是终端业务收入和广告业务收入，由此怀疑有虚增利润的可能。

企业通过把亏损转移到非全资子公司中，使母公司只需承担母公司所持有股权比例对应部分的亏损，另外的亏损则由少数股东权益承担，这就实现了利益的输送，即留存了利润，转移了亏损。但是，内部交易的税在编制合并财务报表是不能抵扣的，这样既获得了利润，又确认了递延所得税资产，减少了所得税费用，最终增加了 LS 网的净利润。因此，报表使用者关注的“合并归属于母公司所有者的净利润”就得到了粉饰。

LS 网通过这种大规模的关联方交易，形成关联应收账款。一方面可以给相关关联方输送资金，另一方面从集团角度和税法的角度上看，也可以计提大量的坏账准备，从而形成大量的递延所得税资产，再次影响所得税费用。坏账准备是由应收账款和其他应收款产生的。2015 年年末前五名其他应收款如表 5-7 所示，2015 年年末前五名的其他应收款分别是 LS 网（天津）信息技术有限公司，占比为 60.39%；LS 致新电子科技（天津）有限公司，占比为 14.73%；（西藏）LS 网信息技术有限公司，占比为 13.06%；LS 云计算有限公司，占比为 10.42%；LS 控股（北京）有限公司，占比 0.41%；全部为关联往来。

表 5-7　2015 年末前五名其他应收款

单位：元

单位名称	款型性质	期末余额	占其他应收款期末余额合计的比例
LS 网（天津）信息技术有限公司	关联关系	1 589 829 653.42	60.39%
LS 致新电子科技（天津）有限公司	关联关系	387 895 055.05	14.73%
（西藏）LS 网信息技术有限公司	关联关系	343 790 176.00	13.06%
LS 云计算有限公司	关联关系	274 330 035.78	10.42%
LS 控股（北京）有限公司	关联关系	10 841 367.97	0.41%
合计		2 606 686 288.22	99.01%

5.1.4 关联方披露的相关准则（引用自《企业会计准则第 36 号——关联方披露》）

第一章　总则

第一条　为了规范关联方及其交易的信息披露，根据《企业会计准则——基本准则》，制定本准则。

第二条　企业财务报表中应当披露所有关联方关系及其交易的相关信息。对外提供合并财务报表的，对于已经包括在合并范围内各企业之间的交易不予披露，但应当披露与合并范围外各关联方的关系及其交易。

第二章　关联方

第三条　一方控制、共同控制另一方或对另一方施加重大影响，以及两方或两方以上同受一方控制、共同控制或重大影响的，构成关联方。

控制，是指有权决定一个企业的财务和经营政策，并能据以从该企业的经营活动中获取利益。

共同控制，是指按照合同约定对某项经济活动所共有的控制，仅在与该项经济活动相关的重要财务和经营决策需要分享控制权的投资方一致同意时存在。

重大影响，是指对一个企业的财务和经营政策有参与决策的权力，但并不能够控制或者与其他方一起共同控制这些政策的制定。

第四条　下列各方构成企业的关联方：

（一）该企业的母公司。

（二）该企业的子公司。

（三）与该企业受同一母公司控制的其他企业。

（四）对该企业实施共同控制的投资方。

（五）对该企业施加重大影响的投资方。

（六）该企业的合营企业。

（七）该企业的联营企业。

（八）该企业的主要投资者个人及与其关系密切的家庭成员。主要投资者个人，是指能够控制、共同控制一个企业或者对一个企业施加重大影响的个人投资者。

（九）该企业或其母公司的关键管理人员及与其关系密切的家庭成员。关键管理人员，是指有权力并负责计划、指挥和控制企业活动的人员。与主要投资者个人或关键管理人员关系密切的家庭成员，是指在处理与企业的交易时可能影响该个人或受该个人影响的家庭成员。

（十）该企业主要投资者个人、关键管理人员或与其关系密切的家庭成员控制、共同控制或施加重大影响的其他企业。

第五条　仅与企业存在下列关系的各方，不构成企业的关联方：

（一）与该企业发生日常往来的资金提供者、公用事业部门、政府部门和机构。

（二）与该企业发生大量交易而存在经济依存关系的单个客户、供应商、特许商、经销商或代理商。

（三）与该企业共同控制合营企业的合营者。

第六条　仅仅同受国家控制而不存在其他关联方关系的企业，不构成关联方。

第三章　关联方交易

第七条　关联方交易，是指关联方之间转移资源、劳务或义务的行为，而不论是否收取价款。

第八条　关联方交易的类型通常包括下列各项：

（一）购买或销售商品。

（二）购买或销售商品以外的其他资产。

（三）提供或接受劳务。

（四）担保。

（五）提供资金（贷款或股权投资）。

（六）租赁。

（七）代理。

（八）研究与开发项目的转移。

（九）许可协议。

（十）代表企业或由企业代表另一方进行债务结算。

（十一）关键管理人员薪酬。

第四章　披露

第九条　企业无论是否发生关联方交易，均应当在附注中披露与母公司和子公司有关的下列信息：

（一）母公司和子公司的名称。

母公司不是该企业最终控制方的，还应当披露最终控制方名称。

母公司和最终控制方均不对外提供财务报表的，还应当披露母公司之上与其最相近的对外提供财务报表的母公司名称。

（二）母公司和子公司的业务性质、注册地、注册资本（或实收资本、股本）及其变化。

（三）母公司对该企业或者该企业对子公司的持股比例和表决权比例。

第十条　企业与关联方发生关联方交易的，应当在附注中披露该关联方关系的性质、交易类型及交易要素。交易要素至少应当包括：

（一）交易的金额。

（二）未结算项目的金额、条款和条件，以及有关提供或取得担保的信息。

（三）未结算应收项目的坏账准备金额。

（四）定价政策。

第十一条　关联方交易应当分别关联方以及交易类型予以披露。

类型相似的关联方交易，在不影响财务报表阅读者正确理解关联方交易对财务报表影响的情况下，可以合并披露。

第十二条　企业只有在提供确凿证据的情况下，才能披露关联方交易是公平交易。

5.2 案例训练

（1）何为关联方交易？关联方关系会导致什么问题？

（2）LS 网关于关联方交易的会计处理存在什么问题？

（3）如何识别与治理不当的关联方交易？

（4）如何从公司治理的角度出发规范关联方交易？

（5）在数字化时代，科技的发展使企业间的边界越来越模糊，如何识别和判断关联方关系？

（6）如何优化现有关联方及关联方交易的会计处理规则？

5.3 案例提示

（1）可以用《企业会计准则第 36 号——关联方披露》的第七条和第八条来解释关联方交易的基本概念；问题可以联系第三条和第四条，主要阐述的是关联方关系会带来的会计问题，同时可以运用例子进行更形象地解释。

（2）运用深交所 2014 年出台的有关净利润的规定，把亏损转移到非全资子公司中，母公司只需承担母公司所持有股权比例对应部分的亏损，从而粉饰净利润。

（3）当出现以下几种情况时，说明有可能发生了不当的关联方交易：大股东股权比例高、关联方应收应付款项比重大及投资收益占利润总额的比例高等。治理不当的关联方交易可以从政府监管和公司自身完善两方面进行。

（4）从公司治理的角度出发，对于不当的关联方交易可以从两个方面进行治理，一方面是完善上市公司的治理结构，另一方面是加强关联方交易的会计核算建设。

（5）在数字化时代，可以利用大数据和第三方平台来获取有助于识别关联方关系的信息。

（6）对会计准则或者单行法规进行修订和完善，明确权益性交易的定义，对其相关处理规则进行规范。

5.4 案例分析

1. 关联方交易及关联方关系会导致的问题

（1）有关关联方交易，《企业会计准则第 36 号——关联方披露》第三章第七条、第八条相关规定，前文已有叙述，在此不再赘述。

（2）关联方关系会导致的问题如下。

①由《企业会计准则第 36 号——关联方披露》的第三条和第四条可知，当前会计准则主要是从控股和投资的角度来对关联方进行判断，而并未将借贷资金的比例当作判别关联方的标准，这导致出现个别关联方对上市公司资金的违规占用情况；②《企业会计准则》规定，转让子公司股权与转让收益的差额计入所有者权益，而不是确认为投资收益，这使企业可以通过相关会计处理来“逆转”业绩；③企业可

以通过出售股权的方式来解除关联方关系，即关联方交易非关联化，如在一年内 A 公司在 B 公司中的持股比例从 95%降低至 45%后不再持有 B 公司的股权，而在此期间 A 公司把产品销售给 B 公司，占 A 公司当年合并主营业务利润的 55%，由于两次股权的转让，按规定年末 B 公司不再是 A 公司的关联方，发生的巨额销售也不必在合并报表中进行内部抵消，而是计入“资本公积——关联方交易差价”，由此增加了当期的收益。

2. LS 网关于关联方交易的会计处理存在的问题

（1）深交所在 2014 年规定：净利润是指归属于母公司普通股股东的净利润，其中不包括少数股东损益金额。在这条规定下，LS 网能堂而皇之地用“归属母公司所有者的净利润”这一经过调整后的数据对投资者传递企业信息，影响更多投资者。

（2）关于内部交易未实现利润对所得税的影响，企业通过把亏损转移到非全资子公司中，使母公司只需承担母公司所持有股权比例对应部分的亏损，另外的亏损则由少数股东权益承担，这就实现了利益的输送，即留存了利润，转移了亏损。但是，内部交易的税在编制合并财务报表时是不能抵扣的，这样既获得了利润，又确认了递延所得税资产，减少了所得税费用，最终增加了 LS 网的净利润。因此，报表使用者关注的“合并归属于母公司所有者的净利润”就得到了粉饰。

3. 识别与治理不当的关联方交易

（1）识别。①大股东的股权比例过高：产生不当的关联方交易的主要根源之一就是一股独大，因为股东或者说第一大股东的股权比例越高，就越容易控制董事会进行决策，从而为不当的关联方交易提供条件；②关联方应收应付款项比重大：关联方销售业务的价格如果不公允或者交易量不正常，关联方经常会没有足够的现金进行支付，此时关联方的应收账款或应付账款便会增加，而关联方的应收账款或应付账款占全部应收或应付账款的比例越高，则发生不当关联方交易的可能性也就越大；③投资收益占利润总额的比例高：一些上市公司为了配股或免于退市，往往会利用不当的关联方交易，通过改变投资核算方法的方式来提高投资收益。

（2）治理。一方面，政府要制定更详细、更符合实际的关联方认定和信息披露的规定，同时提高违法违规的成本，对通过不当关联方交易操纵报表的公司及审计师进行严厉处罚；另一方面，公司也要加快对治理结构的完善，解决股权的相关问题。

4. 从公司治理的角度出发规范关联方交易

一方面，完善上市公司的治理结构。①建立合理的股权结构，形成多股制衡的局面，避免一股独大的情况发生；②对股东大会制度进行完善，保障少数股东的知情权和质询权，促进其对股东大会的监督；③完善独立董事制度，保证独立董事能够正常发挥其作用；④健全公司的监督制度，完善监督机构。

另一方面，加强关联方交易的会计核算建设。①对关联方交易的公允价格进行规范；②完善关联方交易的信息披露制度，良好的信息披露制度能够在一定程度上遏制大股东的不当行为；③各企业还可以在结合自身基本情况的基础上，借鉴其他企业的经验来完善相关会计核算体系。

5. 在数字化时代，识别和判断关联方关系

（1）利用银行内部信贷系统中的模糊查询功能。由于许多关联企业的名字中都会包含共同的关键字，因此可以通过查找共同的关键字来找出其中的关联关系，以此来核实所查企业是否确实存在关联关系。

（2）利用银码信息共享平台。该平台并且已经与大多数金融机构建立了数据共享，在对关联方关系进行识别时，可以借助该平台来准确核实客户代码和关联企业的信息，加强对企业关联方进行识别和判断的准确性。

（3）利用大数据和第三方平台或相关的 App。随着互联网的快速发展，许多软件开发公司也加大了对企业信息查询的投入力度，开发出各种软件，如企查查。人们借助这些软件可以方便地查询到企业之间的贸易信息。

6. 优化现有关联方及关联方交易的会计处理规则

（1）综合研究相关情况，对应地修订和完善会计准则，对权益性交易的定义进行明确，规范权益性交易和权益性交易的会计处理规则。

（2）对同一业务，进一步明确其适用的会计准则判断标准。

（3）可以出台一些单行法规，以应对完善相关准则所需时间较长带来的不便情况。

5.5 案例小结

5.5.1 结论

在对 LS 网关联方交易进行探究后，我们发现，LS 网存在利用关联方交易来达到粉饰报表目的的情况。其关联方交易具有隐蔽性和模糊性，在利益的驱动下，母公司实际控制人贾某的控制权过于集中（贾某通过一系列关联方交易，使其实际控制的关联方与 LS 网之间形成大量应收账款。2017 年，LS 网亏损 138 亿元，其中包括坏账损失 60.94 亿元，而坏账主要是由贾某及其实际控制的关联方对 LS 网的欠款所形成的），LS 网注重扩张，而自身实业的造血能力相对来说较低。大量非实质的收益，不仅会对广大投资者的利益造成损害，且只要关联方交易中某一环节出错，还会影响到 LS 网全盘的资金问题，这在很大程度上扩大了企业的经营风险，不利于其发展。

5.5.2 建议

（1）规范关联方的交易价格。超出公允价值的交易价格可以为企业带来巨额收入，这在便于企业参与市场竞争的同时，为企业管理者对利润进行操纵提供了可乘之机。因此，如果能将关联方的交易价格控制在一定涨跌空间内，并且由会计师事务所、相关机构进行严格监管，便能在事前审计过程中减少关联方舞弊的概率，从而促进市场的良性发展。

（2）严格执行信息披露政策，完善相关法律法规，加大惩罚力度，提高违法违规成本。对企业来说，造假成本小、惩罚力度低、获取收益高，很多企业经过衡量之后就会违法进行不正当的关联方交易。因此，应进一步完善相关法律法规，加大对企业的监督力度，严格要求企业执行信息披露政策，并且对关联方交易的具体披露事项进行细化，同时加大处罚力度，提高企业违法成本。

（3）提升审计专业性。会计师事务所应该保证其独立性，严格履行法律法规对审计事项的要求，充分利用其公信第三方的身份。审计人员应保持职业怀疑态度，抓住重点，对相关蛛丝马迹有一定的鉴别能力，具有专业胜任能力，对存在异常的项目进行深入调查，从小方面窥探企业大问题，严格遵守职业道德，不被利益诱惑而放弃自己的职业使命。在互联网时代，审计人员也应与时俱进，在对关联方关系进行识别和判断时，要学习利用大数据等技术来进行辅助。

（4）完善公司治理结构。首先，企业要建立合理的股权结构，避免一股独大的情况发生；其次，要对股东大会制度进行完善，保障少数股东的知情权和质询权；再次，要完善独立董事制度，保证独立董事能够正常发挥其作用；最后，健全公司的监督制度，完善监督机构。只有完善好公司的治理结构，才能从根源上预防财务造假的情况。

第6章

TS娱乐公司的商誉暴雷与会计处理案例

6.1 案例背景

Wind数据显示，2018已披露年报的3 605家A股上市公司中，计提商誉减值的有871家，占比24.16%，比2017年同期增长10.4%；计提商誉减值金额高达1 658.61亿元，同比增长超过3.5倍。其中，传媒、计算机、医药生物、机械设备、电气设备五个行业商誉减值破百亿元。位居亏损榜首的TS娱乐2018年计提商誉减值40.6亿元，占其2017年商誉原值的62.52%。

6.1.1 关于TS娱乐

TS娱乐是大连TS娱乐股份有限公司的股票简称。其前身是成立于2010年的北京TS互动科技有限公司，2014年借壳KMMY，在深交所挂牌上市。TS娱乐一直致力于精品游戏的研发与发行，先后成功推出《傲剑》《飞升》《苍穹变》《梦幻Q仙》等多款热门网页游戏及《全民破坏神》《苍穹变》等多款代表性移动游戏，深受众多玩家的支持与喜爱。然而，随着移动互联网、智能手机的不断普及，网页游戏的市场份额不断被移动游戏侵占，移动游戏逐渐成为游戏市场的主导，网页游戏的市场占有率逐年下降。基于此，2015—2017年，TS娱乐开始通过系列并购快速拓宽业务范围，抢占市场份额，将业务延伸至影视制作、互联网广告、数字营销等领域。上市后，TS娱乐以“热爱创造幸福”为公司使命，在“成为全球游戏企业十强”的愿景驱使下，坚持以用户为核心，不断创新发展，利用资本市场的平台，不断并购来拓展自身业务，实现了由单一业务板块向多元化业务板块的转型。此外，TS娱乐也通过收购涉及游戏、互联网广告和影视等产业的企业，来实现其泛娱乐化全产业链的布局。

6.1.2 TS娱乐商誉的形成过程

TS娱乐的大额商誉来源于一系列的并购重组，2015—2017年，TS娱乐采用发行股价和现金对价的方式，先后并购了深圳市WAP信息技术有限公司、北京MQHS

网络科技有限公司、LSKJ（北京）有限公司、Avazu、上海 MC 网络科技有限公司、深圳市 YHKJ 有限公司、北京 HXYY 网络科技有限公司、北京 HRDT 文化传媒有限责任公司、JXLW 网络科技有限公司、北京 XKZS 科技发展有限公司等 10 家公司，累计形成的初始确认商誉总额超过 80 亿元，具体商誉来源数据如表 6-1 所示。从表中可以看出，2015—2017 年，TS 娱乐仅上市公司直接并购的标的就高达 10 家，并购产生的商誉均占股权成本的 70%以上。

表 6-1　具体商誉来源数据

年度	被并购企业	股权取得成本/亿元	商誉/亿元	商誉/股权成本
2015	WAP	6	4.93	82.17%
	MQHS	6.2	5.04	81.29%
	LSKJ	8.8	7.83	88.98%
	Avazu&上海 MC	20.8	18.85	90.63%
2016	YHKJ	9.86	9.02	91.48%
2017	HXYY	34.17	29.28	85.69%
	HRDT	7.42	5.20	70.08%
	JXLW	4.69	4.36	92.96%
	XKZS	0.09	0.06	66.67%
合计	10	98.03	84.57	86.27%

注：Avazu 和上海 MC 原最终控制人均为石某，并且上海 MC 为 Avazu 提供技术服务，收购两家公司时为一揽子交易，因此合并计算商誉。

2018 年，TS 娱乐以股权转让的方式处置 XKZS 52%的股权，取得对价 0.156 亿元，减少商誉 0.06 亿元。12 月末，TS 娱乐取得设立的并购基金的控制权，将上海 KY、QKWD、深圳 TY 和深圳 PR 纳入合并范围，并对深圳 TY 确认商誉 0.431 亿元，对上海 KY 确认商誉 0.995 亿元。

2015—2017 年，TS 娱乐连续并购了 10 家公司，同时利用在并购过程中产生的高估值和高业绩承诺，给资本市场频繁传递好消息，使公司收入快速增长，也刺激股价飞速提高。根据 TS 娱乐 2015—2019 年年报披露，商誉账面余额及占净资产的比重如图 6-1 所示。

上市后，TS 娱乐在近乎疯狂的并购重组中累积了巨额商誉，伴随的是其后几年不断攀升的资产负债率及资产规模与盈利能力。结合 TS 娱乐近 10 年总资产、净资产、净利润数据统计发现，2014 年年底，TS 娱乐总资产仅为 7.44 亿元，而 2017 年年底其总资产便增长到 146.08 亿元，增长了近 20 倍；净资产也从 6.63 亿元增长到 95.47 亿元，增长了 13 倍；净利润则从 1.91 亿元增长到 7.41 亿元。近 10 年总资产、净资产、净利润的数据统计和近 10 年资产负债率数据变化如图 6-2 和图 6-3 所示。

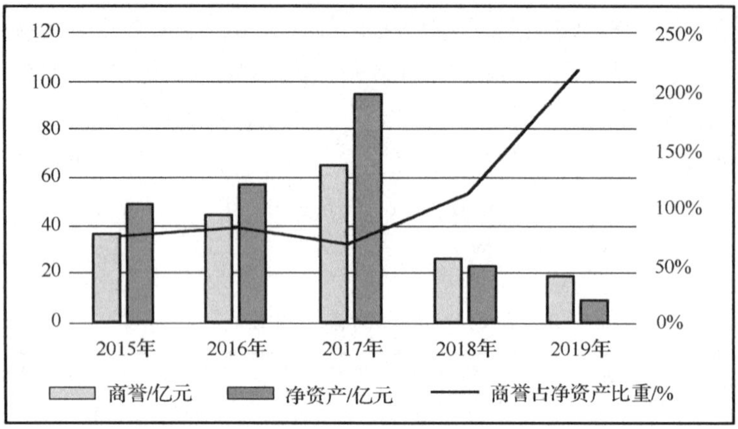

图 6-1　商誉账面余额及占净资产的比重

（单位：亿元）

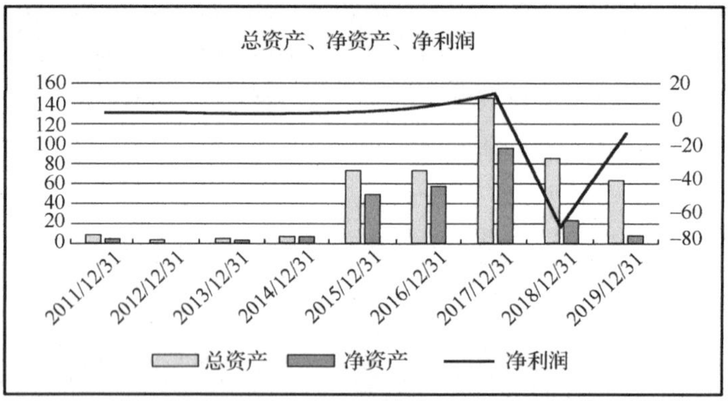

图 6-2　近 10 年总资产、净资产、净利润的数据统计

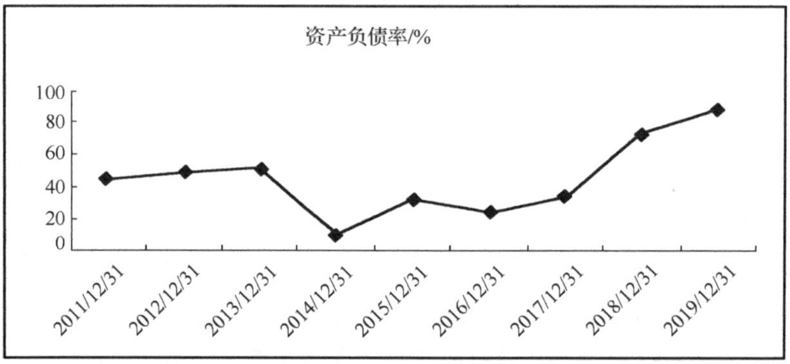

图 6-3　近 10 年资产负债率数据变化

6.1.3　TS 娱乐商誉减值情况

据历年公布的年报数据显示，TS 娱乐在 2015—2017 年仅计提了极小比例的商

誉减值准备。2016—2018 年 TS 娱乐计提商誉减值情况如表 6-2 所示。2016 年，TS 娱乐仅对 Avazu 和上海 MC 确认 0.14 亿元的商誉减值准备；2017 年，TS 娱乐通过商誉减值测试后，仅对 MQHS 计提 0.30 亿元的商誉减值准备。而 2018 年，TS 娱乐的众多子公司均大幅计提商誉减值准备，且 83%以上的子公司所计提的商誉减值准备占商誉账面原值的比例高达 50%以上。其中，YHKJ 计提商誉减值准备 9 亿元，减值比例为 99.78%；而 LSKJ 计提 7.83 亿元，减值比例达 100%；MQHS 计提 4.27 亿元，减值比例达 84.72%；而 HXYY 计提 17.02 亿元，减值比例为 58.13%，占全年商誉减值损失总额的 41.92%；HRDT 和上海 XY 分别计提商誉减值准备 1.95 亿元和 0.53 亿元；当期共发生商誉减值准备 40.60 亿元，对当期业绩表现造成严重不利影响。期末商誉账面余额缩减 60%，由 65.41 亿元下降至 26.18 亿元，巨额商誉减值风险最终爆发。

表 6-2　2016—2018 年 TS 娱乐计提商誉减值情况

时间	标的公司	商誉账面原值/亿元	计提商誉减值准备/亿元	减值比例/%
2016 年	Avazu&上海 MC	18.85	0.14	0.7
2017 年	MQHS	5.04	0.30	5.95
2018 年	YHKJ	9.02	9.0	99.78
	LSKJ	7.83	7.83	100
	MQHS	5.04	4.27	84.72
	HXYY	29.28	17.02	58.13
	HRDT	5.20	1.95	37.5
	上海 KY	0.995	0.53	53.27
2018 年小计	–	–	40.60	–

TS 娱乐 2018 年三季报公告，预计 2018 年归属于上市公司股东的净利润为 0～5.10 亿元之间，相比 2017 年同期下滑了 50%～100%，并提示公司存在商誉大额减值并导致业绩亏损的风险。2019 年 1 月 30 日，TS 娱乐发布业绩修正公告，大幅下修业绩预期，预计 2018 年净亏损 73 亿元至 78 亿元，成为截至 2019 年 1 月底预亏最多的上市公司。1 月 31 日，深交所向 TS 娱乐董事会发中小板关注函，要求公司对计提商誉减值准备的合理性和准确性，并购基金出资份额计提减值准备及承担超额损失做出书面说明，逐项列示公司对联营、合营企业及其他参股公司的投资情况，并结合经营业绩情况，详细说明以前年度减值准备计提的具体情况及充分性，以及在 2018 年集中计提大额减值准备的合理性和准确性，同时请年审会计师进行核查并发表专项意见。深交所要求 TS 娱乐于 2019 年 2 月 14 日前将有关说明材料报送中小板公司管理部并对外披露，同时抄报大连证监局上市公司监管处。

2019 年 2 月 27 日，TS 娱乐发布业绩快报，显示 2018 年巨亏约 75.22 亿元，3 月 5 日，TS 娱乐才对深交所关注函进行了长达 56 页的回复，其聘请的 ZSZH 会计师事务所也发表了相关意见。回复中指出，TS 娱乐不存在业绩“洗大澡”行为。对于业绩大暴雷，TS 娱乐将其归因于三个方面：预计计提商誉减值准备约为 49 亿元；公司或其子公司对其出资份额预计计提减值准备约 8.2 亿元，预计承担超额损失约 15 亿元；对股权投资预计计提减值准备约为 7.5 亿元。TS 娱乐将公司计提商誉减值归因于宏观政策和大环境。

6.2 案例训练

基于以上资料请思考如下问题。

（1）TS 娱乐的商誉减值计提是否合理？高额商誉减值对企业的影响有哪些？

（2）结合案例思考，商誉的本质是什么？商誉的本质对其初始确认和后续计量有哪些影响？

（3）有关商誉的会计处理，《企业会计准则》的规定是否合理？

6.3 案例提示

本案例旨在让学生熟悉商誉减值对企业财务的影响；了解商誉的本质及其对初始确认与后续计量的影响；掌握商誉的形成、会计核算及后续计量的会计处理。

分析思路可以从以下几个方面展开。

（1）结合案例说明，商誉减值的计提是否合理，以及高额的商誉减值对企业的影响，可以从对企业财务报表（资产负债表、利润表）、偿债能力、盈利能力、成长能力，以及企业股价的影响进行分析。

（2）从商誉的形成、概念等分析商誉的本质，结合案例说明商誉的本质对其初始确认和后续计量的影响。

（3）学习并掌握商誉的会计核算，结合案例说明现行的《企业会计准则》对商誉的会计处理是否合理。

6.4 案例分析

6.4.1 商誉减值合理性辨析

TS 娱乐将公司计提商誉减值归因于宏观政策和大环境。而纵观 TS 娱乐 2015—2017 年的并购重组，短短三年时间累计形成的初始确认商誉总额超过 80 亿元，综合分析多种因素，造成 TS 娱乐在 2018 年确认 40.60 亿元巨额商誉减值损失的原因是多样的。并购时采用的收益法估值虚高、无形资产的确认不充分及业绩对赌抬高了对价，导致 TS 娱乐商誉确认价值虚高。并购完成后，国家相关政策和市场环境发生了变化，协同效益无法达到预期效果导致被购方业绩对赌难以实现，从而使商誉出现了减值迹象。而 TS 娱乐出于业绩承诺的约束和盈余管理的动机，选择调节利润至对赌期结束后再计提减值。

理论上，商誉采用减值测试法而非摊销，能够更好地体现商誉的本质，但是我们必须了解，商誉减值测试法在实际应用中存在大量的估计、判断空间过大、操作口径不一致等问题。具体而言，减值测试需要估计资产组（或组合）的可收回金额，而资产预计未来现金流量现值测算涉及的众多输入值都需要估计，且资产组（或组合）的认定争议、减值迹象判断依据的不一致、税前折现率的计算方式的不统一，任何一个环节的人为操纵都可能使商誉减值测试变成一场数字游戏，从而导致确认减值损失的金额与时间也可以人为操纵。此外，商誉后续计量采用减值测试法而非摊销等也可能导致商誉初始确认金额虚高，成为日后暴雷的重要影响因素。对于 TS 娱乐商誉减值计提的合理性和准确性的判断，我们应该以更加理性和谨慎的态度去看待。

6.4.2 巨额商誉减值对 TS 娱乐的影响

1. 对财务报表的影响

商誉减值是指对企业在并购中形成的商誉进行减值测试后，确认相应的减值损失。商誉在确认以后，持有期间不要求摊销，每一会计年度期末，企业应当按照《企业会计准则第 8 号——资产减值》的规定对其价值进行测试。按照账面价值与可收回金额孰低的原则计量，对于可收回金额低于账面价值的部分，即计提减值准备，商誉减值准备在计提之后，不能够转回。对商誉减值的处理是按照资产组或资产组组合减值的处理原则来进行的，企业在对包含商誉的相关资产组或资产组组合进行减值测试时，应当先对不包含商誉的资产组或者资产组组合进行减值测试，计算可收回金额，并与相关账面价值相比较，确认相应的减值损失，然后再对包含商誉的资产组或者资产组组合进行减值测试，比较这些相关资产组或者资产组组合的账面价值（包括所分摊的商誉的账面价值部分）和可收回金额，如果可收回金额低于其账面价值，应当将其差额确认为减值损失。

计提商誉减值准备的情况分为两种，一种是计提吸收合并形成的商誉减值准备，另一种是计提控股合并产生的商誉减值准备。计提商誉减值准备的会计分录如下。

借：资产减值损失

　　贷：商誉——商誉减值准备

计提商誉减值准备增加了利润表上的资产减值损失，从而降低了企业的当期利润。“资产减值损失”账户属于损益类账户，借方代表损失的增加，贷方代表损失的减少，并且应当按照资产减值损失的项目进行明细核算。期末，应将“资产减值损失”账户余额转入“本年利润”账户，结转后该账户应无余额。资产减值损失一经确认，在以后的会计期间不得转回。根据相关规定，上市公司因并购重组产生的商誉，其减值与企业的其他长期资产（如固定资产、无形资产等）减值性质相同，属于企业日常经营活动产生，应作为企业的经常性损益。因此，商誉减值不属于非经常性损益，其既影响实际利润，又影响扣除非经常性损益后的净利润。商誉的减值一旦发生后续不得转回，换言之企业可以通过商誉减值降低当期利润，但不能后续通过转回商誉减值再增加利润。本案例中，TS 娱乐 2017 年营业利润为 13.55 亿元，2018 年营业利润却下降为−53.45 亿元，其中很大一部分原因是 2018 年 TS 娱乐计提商誉减值 40.60 亿元，导致其营业利润大幅下降，盈利水平大幅受挫。

在资产负债表中，非流动资产项目下商誉以净额列示，即以商誉的账面余额减商誉减值准备列示。报表附注中应披露商誉的金额及其确定方法、分摊到某资产组的商誉的账面价值等。资产负债表日，企业确定商誉发生减值的，按应减记的金额，借记“资产减值损失”，贷记“商誉——商誉减值准备”。计提商誉减值准备使商誉减少，从而使企业非流动资产减少、总资产减少、净资产减少。企业总资产的减少会使企业资产负债率上升，案例中 TS 娱乐 2015—2017 年的资产负债率较稳定。但是，当 2018 年 TS 娱乐计提商誉减值准备后，其资产负债率就上升了，导致公司的偿债压力加大，经营风险大幅提升。

总体来说，商誉减值主要影响合并资产负债表和合并利润表。因为一方面资产（商誉）减少会使资产负债表上非流动资产、总资产、净资产减少，另一方面损失（资产减值损失）增加会使利润表上当期利润减少。由于损失的增加减少了利润，所以对合并股东权益变动表也会有一定的影响，如计提的盈余公积、未分配利润等。

2. 对偿债能力的影响

企业的资产负债率反映了企业的偿债能力，企业的偿债能力降低，资产负债率就会上升，因此企业如果发生巨额商誉减值一定会对企业的偿债能力产生重大影响。TS 娱乐偿债能力指标如图 6-4 所示。由图可知，TS 娱乐 2015—2017 年的资产负债率稳定维持在 21%～35%。但是，当 2018 年 TS 娱乐对计提商誉减值准备后，其资产负债率就上升为 72.65%，导致公司的偿债压力加大，经营风险大幅提升，2019 年增长到了 86.7%，2019 年的资产负债率几乎为 2016 年的 4 倍，说明公司偿债能力较弱，债务风险较高，企业经营风险也随之增加。2020 年 1 月，TS 娱乐的商誉账面价值仍高达 20 余亿元，在竞争激烈的市场环境下，商誉减值风险仍然存在，如果后期仍有商誉减值迹象，会导致其资产负债率继续增加。所以，TS 娱乐的偿债能力受到了商誉减值的影响。

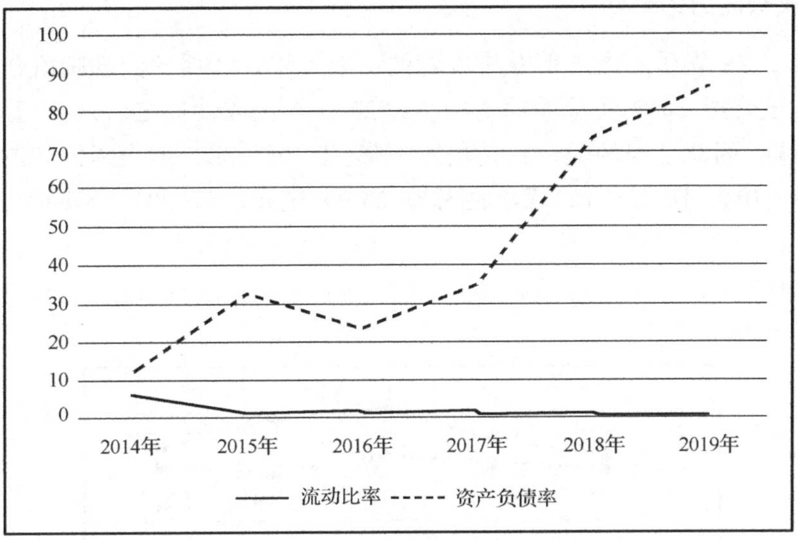

图 6-4 TS 娱乐偿债能力指标

3. 对盈利能力的影响

2018 年，TS 娱乐计提巨额商誉减值后致使企业发生巨额亏损，导致其净利率、净资产收益率等盈利指标直接下降至负值，TS 娱乐盈利能力指标如图 6-5 所示，其毛利率至 2018 年下降至 65.09%，与 2014 年的 82.32%相比，下降幅度较大，这表明 TS 娱乐在经过连续并购之后，产生的巨额商誉形成资产泡沫，但由于后续整合工作不到位，资产价值未得到充分发挥，整体经营业绩不佳，在计提商誉减值后其盈利能力严重受挫。

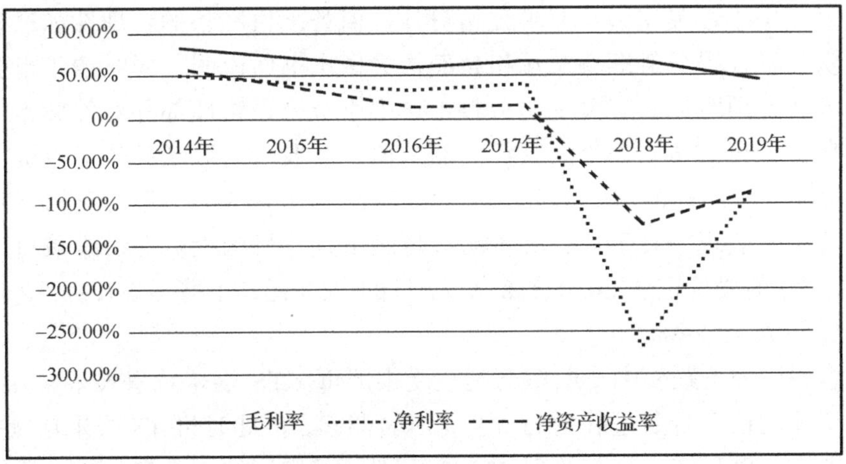

图 6-5 TS 娱乐盈利能力指标

4. 对成长能力的影响

2018 年，TS 娱乐受内外部双重因素的影响，累计计提的商誉减值金额达 40.60 亿元，约占该公司 2017 年原始原值的 62.52%，在完成计提之后，公司成长能力受到了市场质疑，因此公司的股市行情快速下降。TS 娱乐成长能力指标如图 6-6 所示，可以看出在 2018 年，公司的营业收入为 25.99 亿元，与 2017 年同期相比降低了 16.2%，在 2019 年又持续下降。对于公司而言，营业收入是保障公司利润的重要源泉，通过 2018 年和 2019 年这两年持续的净利润下跌情况也看出了公司在后期成长过程中缺乏动力。

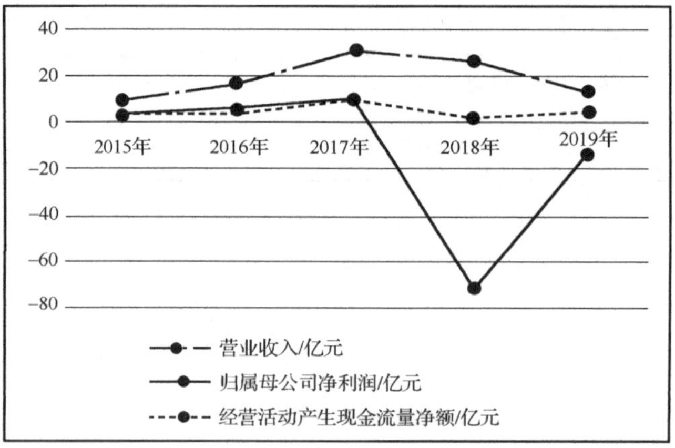

图 6-6　TS 娱乐成长能力指标

5. 对企业股价的影响

巨额计提商誉减值披露之后，监管者和资本市场第一时间对此事予以关注。深交所对其发了中小板关注函，要求公司对计提商誉减值准备的合理性和准确性，并购基金出资份额计提减值准备及承担超额损失做出书面说明，同时请年审会计师进行核查并发表专项意见。有关说明材料报送中小板公司管理部并对外披露，同时抄报大连证监局上市公司监管处。围绕巨额减值，其股价的波动反映了投资者对此事的关注，股价波动如图 6-7 所示。TS 娱乐自 2019 年 1 月 31 日发布商誉减值公告后，在二级市场上的表现一直不佳，股价明显持续下跌，机构投资者纷纷减持该公司的股份，TS 娱乐的股价也从 2018 年 8 月 27 日的 7.59 元，下降至 2019 年 2 月 1 日的 3.97 元，跌幅为 47.69%。

此外，股价的下跌使中小股东的利益受损严重。TS 娱乐董事长朱某在 2015 年花重金拍下了与巴菲特共进晚餐的机会，声名鹊起，借此时机 TS 娱乐连续并购了 5 家公司，股价一路暴涨，最高达到 125.2 元/股，其实际控制人朱某与一致行动人石某利用股价暴涨的机会进行减值套现，共计 159.73 万股，金额达到 14 375.7 万元。然而，在 2016 年股价开始下跌的时候，朱某和石某等大股东对其股权进行大规模的质押活动，以达到资本出逃的目的，仅朱某一人的股权质押比例就高达其持股比例的93.42%。由于2018年共计提了40.60亿元左右的巨额商誉减值，导致公司股价遭受重创，市场对其失去信心，TS娱乐自公布2018年年报以来股价就开始一路走低，给中小股东造成了重大损失。由于信息不对称、不透明，公司实际控制人朱某、石某等人利用获取的内幕信息和对公司的控制通过股权质押实现高位套现，将公司的风险转移给了中小股东、证券机构及金融机构等，严重损害了中小股东的利益。

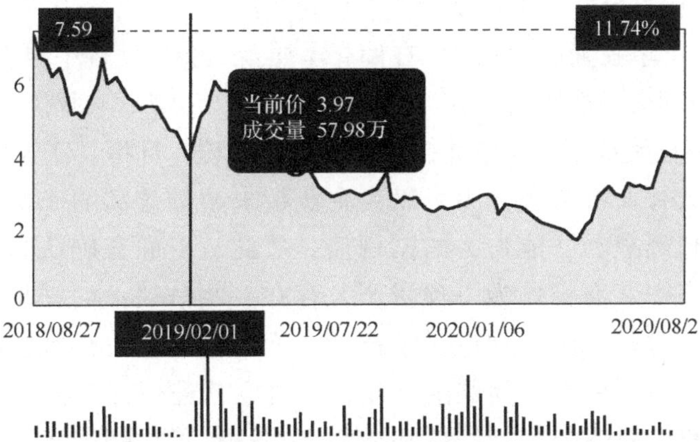

图 6-7　股价波动

6.4.3　商誉本质的探讨

关于商誉的本质，目前比较权威的观点是美国会计学家Hendriksen提出的三元论观点，即好感价值论、超额收益论和总计价账户论。

好感价值论认为，商誉产生于企业良好的形象和顾客对企业的好感，如企业优越的地理位置、优秀的企业文化、良好的口碑、有利的商业地位、较多的客户资源等。这些资源能够给企业带来收益，但是无法精确地在账面中记录金额，也无法清晰地同其他无形资产区分开。因此，好感价值论认为商誉的本质是未入账的无形资产。

超额收益论认为，商誉代表了企业未来的超额盈利能力，即在较长时期内企业能获得未来收益的现值超过正常投资报酬率的能力和信誉。超额收益论所说的商誉是企业的一项资产，能使企业具有未来的服务潜力或使企业具有一定的盈利能力，但是商誉无法单独辨认，只能与企业一起作为整体存在，因此它的价值只有通过超额收益才能体现。

总计价账户论认为，商誉不是一项单独的生息资产，而是企业的一个总计价账户，企业的整体价值与单项资产价值之和的差额计入“商誉”账户，是继续经营价值概念和未入账资产概念的产物。

一般而言，商誉是指能在未来期间为企业经营带来超额利润的潜在经济价值，或一家企业预期的获利能力超过可辨认资产正常获利能力的资本化价值。《国际财务报告准则第 3 号——企业合并》指出，商誉是指由企业合并中取得的、不能分别辨认并单独确认的其他资产所形成的代表未来经济利益的资产。就来源而言，商誉因合并而产生，仅确认外购商誉而不确认自创商誉。

对商誉本质和内涵的争议，直接导致了商誉确认和计量方面的争议。从商誉的计量看，商誉是非同一控制下的企业合并中，合并成本大于所取得的可辨认净资产的公允价值的差额，商誉的本质是非同一控制下的企业合并的合并价差，并无与其直接对应的资产，相反它是为获得被合并方可辨认净资产所付出的代价，由此来看，商誉属于并购成本的一部分，而非可单独确认的资产。在商誉本质及其会计处理中曾有过类似规定，如 1984 年 12 月，英国会计准则委员会（ASC）发布的 SSAP22《商誉会计》规定，外购商誉可采用将商誉直接从储备金中冲销的方法进行处理，且将其作为首选方法。

除此之外，也有人将商誉视为可以为企业带来超额盈利的一切有利的要素和情形，是预期未来超额盈利（能力）的贴现值，故此，将商誉确认为一项资产，单独列示在资产负债表中。商誉作为一项资产，存在一些争议：商誉是否摊销？按照什么方式和什么年限进行摊销？抑或不予摊销，而只是定期进行减值测试、计提减值准备。由此可见，对商誉本质问题的认知，是对商誉进行合理会计处理的前提。

本案例中，我们对商誉初始确认和摊销方法进行了重新测算，并与商誉减值方法进行了对比，具体而言是将 TS 娱乐商誉若产生时即计入成本或逐年摊销对其资产负债率、利润总额、总资产的影响力进行测算，结果如下。

商誉初始确认与后续计量不同会计处理对资产负债率的影响如图 6-8 所示。

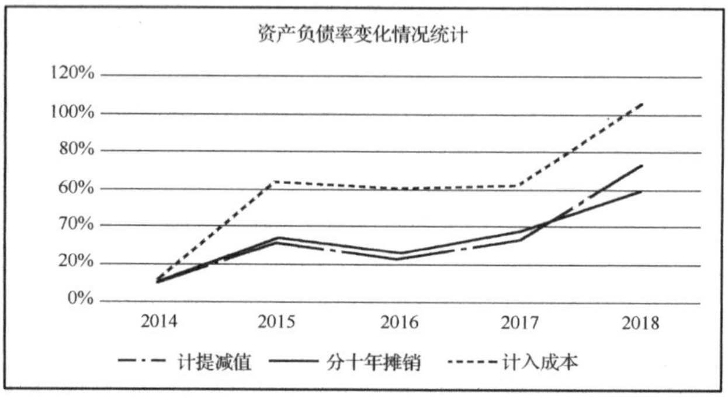

图 6-8　商誉初始确认与后续计量不同会计处理对资产负债率的影响

根据图 6-8，我们发现，相比而言将商誉初始确认直接计入成本会导致公司资产负债率大幅度高于初始确认计入资产的情况。后续计量采用摊销法而非减值测试方法对资产负债率的影响在计提巨额商誉减值前并不显著。

商誉初始确认与后续计量不同会计处理对利润总额的影响如图 6-9 所示。

从图 6-9 来看，将商誉初始确认直接计入成本会导致公司利润总额大幅度低于初始确认计入资产的情况。后续计量采用摊销法而非减值测试方法时，利润总额更加平稳。

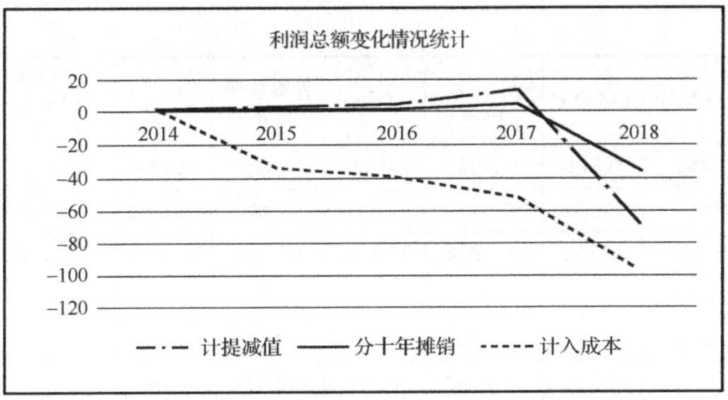

图 6-9 商誉初始确认与后续计量不同会计处理对利润总额的影响

商誉初始确认与后续计量不同会计处理对总资产的影响如图 6-10 所示。

可以看出将商誉初始确认计入成本会导致公司资产规模大幅度低于初始确认计入资产的情况。理论上，商誉计入资产后，后续计量采用摊销法而非减值测试方法更加符合资产的特征。

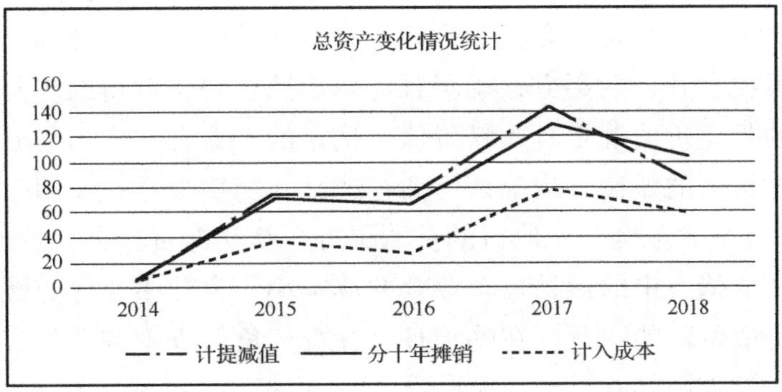

图 6-10 商誉初始确认与后续计量不同会计处理对总资产的影响

相比商誉后续计量，商誉初始确认计入成本对企业资产负债率、利润总额、总资产的影响更加明显。表 6-3 是对商誉初始确认为成本的处理对资产负债率、未分配利润的影响的重新测算，最后一列为商誉占净资产的比例。由此可知，商誉初始确认计入资产和成本的差异，对资产负债率和利润分配具有很大的影响，计入资产后，随着商誉的不断累积，其占净资产的比例已超过 100%。

表 6-3 商誉初始确认为成本的处理对资产负债率、未分配利润的影响的重新测算

单位：亿元

会计期间	商誉净额	资产总计	负债合计	未分配利润	Lev	去除商誉的 lev	Lev 差异	去除商誉的未分配利润	未分配利润差异	商誉占净资产的比例
2012	0	9.102	4.504	1.294	49.49%	49.49%	0.00%	1.294	0.000	0.00%
2013	0	9.695	5.015	1.374	51.73%	51.73%	0.00%	1.374	0.000	0.00%

续表

会计期间	商誉净额	资产总计	负债合计	未分配利润	Lev	去除商誉的 lev	Lev 差异	去除商誉的未分配利润	未分配利润差异	商誉占净资产的比例
2014	0	7.442	0.811	4.790	10.90%	10.90%	0.00%	4.790	0.000	0.00%
2015	36.645	73.058	23.626	7.921	32.34%	64.88%	32.54%	–28.723	–36.645	74.13%
2016	45.528	73.903	17.071	12.664	23.10%	60.16%	37.06%	–32.863	–45.528	80.11%
2017	65.414	146.084	50.651	21.220	34.67%	62.79%	28.12%	–44.194	–65.414	68.54%
2018	26.182	85.699	62.262	–50.505	72.65%	104.61%	31.96%	–76.687	–26.182	111.71%
2019	18.560	63.576	55.122	–60.797	86.70%	122.45%	35.75%	–79.357	–18.560	219.54%

6.4.4 商誉会计处理探讨

《企业会计准则第 20 号——企业合并》规定：非同一控制下企业合并中，购买方对合并成本大于合并中取得的被购买方可辨认净资产公允价值份额的差额，应当确认为商誉。

关于商誉的初始计量，《<企业会计准则第 20 号——企业合并>应用指南》具体分为非同一控制下的吸收合并和控股合并，并对涉及的商誉会计问题做出说明：非同一控制下的吸收合并，购买方在购买日应当按照合并中取得的被购买方各项可辨认资产、负债的公允价值确定其入账价值，确定的企业合并成本与取得被购买方可辨认净资产公允价值的差额，应确认为商誉或计入当期损益；非同一控制下的控股合并，企业合并成本大于合并中取得的被购买方可辨认净资产公允价值份额的差额，确认为合并资产负债表中的商誉。企业合并成本小于合并中取得的被购买方可辨认净资产、公允价值份额的差额，在购买日合并资产负债表中调整盈余公积和未分配利润。《<企业会计准则第 6 号——无形资产>应用指南》规定，商誉的存在无法与企业分离，不具有可辨认性，不属于无形资产准则所规范的内容。因此，在新会计准则中商誉不属于无形资产，而是一种特殊的资产要素，且其只有在非同一控制下的企业合并中形成；如果为吸收合并，可确认为购买方个别财务报表中的商誉；如果为控股合并，则确认为母公司所编制的合并财务报表中的商誉。

关于商誉的后续计量，《企业会计准则第 8 号——资产减值》规定："因企业合并所形成的商誉和使用寿命不确定的无形资产，无论是否存在减值迹象，每年都应当进行减值测试。"即将商誉结合与其相关的资产组或资产组组合进行减值测试，比较这些相关资产组或资产组组合的账面价值（包括所分摊的商誉的账面价值部分）与其可回收金额，从而判断商誉是否发生减值，如发生减值，则应当确认商誉的减值损失。

对于商誉后续的会计处理，国际上曾经出现过以下四种观点。

（1）永久保留。这种观点认为商誉是一种特殊的资产，其价值并不会随着时间的推移而必然消耗，因此将商誉作为永久性资产入账。

（2）直接冲销。基于商誉资产的不可辨认性及无法直接确定价值，这种观点认为比较稳妥的做法是将商誉一次性冲减所有者权益，视同所有者在合并交易过程中对自身财富的缩减。

（3）系统摊销。这种观点认为商誉与其他无形资产一样都是消耗性资产，并且寿命是有限的，应该在有效年限内进行逐年摊销以确定相应的经营业绩。

（4）减值测试。这种观点认为商誉并不属于消耗性资产，与合并后并购双方产生的协同效应有关，不具有固定寿命，不应该进行摊销，而应于每个会计年度内或会计年度终了对商誉进行减值测试，并计提减值损失。

总体而言，永久保留和直接冲销属于两个极端，系统摊销和减值测试是当今学者关注的焦点，减值测试也是《企业会计准则》所规定的会计处理方法。2020 年 3 月 19 日，国际会计准则理事会（IASB）发布了《企业合并——披露、商誉和减值（Business Combinations——Disclosures，Goodwill and Impairment）（讨论稿）》，初步决定保留现行商誉减值模式并增加企业合并业绩披露要求。

关于期末商誉的报表列示，《<企业会计准则第 30 号——财务报表列报>应用指南》和《<企业会计准则第 33 号——合并财务报表>应用指南》规定，会计期末，商誉在资产负债表“资产”栏中单独设立“商誉”项目予以列报。

商誉的初始确认既是对商誉本质的反映，又是商誉后续计量的基础。商誉作为资产和成本，后续计量采用摊销法与减值测试法均具有其合理性，但是对企业财务指标的影响具有较大差异。例如，商誉后续计量采用减值测试法直接影响的就是企业利润，与企业利润相关的盈利能力、每股收益等财务指标也将会受到影响；还会增加企业的财务风险，相较于一次计入成本，商誉作为资产，期初的高溢价导致总资产和净资产增加，企业的资产负债率降低，而后计提减值损失，总资产和净资产随之减少，作为偿债指标的资产负债率也会随之上升，进而影响企业的融资和偿债能力。另外，商誉减值的计提通常会伴随着股价变动。市场对商誉减值事件做出消极的反应会使股价持续下跌。

根据目前所执行《企业会计准则》的规定可知，会计准则制定的前提是认为商誉属于一项资产，且其后续计量采用减值测试的方法。然而，减值测试法虽然符合实质重于形式的原则，但是缺乏稳定性。在使用减值测试法来对商誉进行减值处理时，会受到主观因素的影响，导致公司对商誉减值有着较强的主观操纵能力，像 TS 娱乐这类商誉较高的轻资产公司，更容易被管理人员利用以进行盈余管理，尤其是公司计提巨额商誉减值以后，业绩会发生明显改变。利用商誉进行盈余管理具体分为以下两类：一是计提的商誉减值额度太低或者直接不提。如果计提的商誉减值额度会对企业盈亏状态产生直接影响，公司为了实现短期的业绩目标，可能就会降低计提的商誉减值金额。二是一次性计提巨额商誉减值，也就是在一年中释放出所有的利空消息，即所谓的财务业绩“洗大澡”。对于公司而言，如果无法在短时间内扭转亏损的情况，或者宏观环境较差时，有的公司就会一次性计提巨额商誉减值，扩大亏损额，从而在一个会计年度中，爆发全部的风险，而在今后的发展中，便可以轻装上阵，继而得到更好的业绩。很明显，这两类操作方式均不符合谨慎性原则。

本案例中，在探讨商誉本质的基础上，结合对以往商誉会计处理的总结，针对TS娱乐商誉的会计处理，采用了不同的会计处理方法，并对紧密相关的企业重要财务指标进行了重新测算。根据重新测算，我们发现，商誉的初始确认和后续计量方法的选择对企业资产负债率、利润总额均具有较大影响，而这两项指标是衡量企业偿债能力、盈利能力的重要指标，甚至是企业在资本市场或者向银行借款融资的重要考察指标。相比其他会计处理方式，《企业会计准则》规定的商誉后续计量使用减值测试法在降低企业的资产负债率、增加企业利润方面的优势更为显著，从某种意义上说，《企业会计准则》在美化财务报表方面的功能更强，但这在一定程度上会误导投资者、债权人等利益相关者的决策。

《企业会计准则》的制定往往受多重因素的影响，包括政治、经济、技术手段的影响等。就商誉暴雷而言，理论上商誉减值测试法符合公允价值计量的理念，也能体现商誉的本质，但在具体执行中的人为估计和判断导致理论与实际的差距较大。同样，《企业会计准则》的规定也具有选择性，为了达到可比性，《企业会计准则》对会计方法的选择具有一定的限制，而其也是各方博弈的结果，《企业会计准则》导致的问题也是可以预见的结果。因此，经济事项的发生，如商誉暴雷不能单纯地等同于《企业会计准则》的问题。

TS娱乐的商誉暴雷事件也让我们思考，为了避免发生类似商誉暴雷的事件，我们可以针对现行的《企业会计准则》做出哪些改进。第一，在商誉的初始确认时，应将并购溢价中的非商誉部分剔除，并购溢价中符合无形资产确认条件的应确认为无形资产，如专利、商标等，不能将合并对价与被并购企业可辨认净资产的差额全部确认为商誉，这可以从源头上降低商誉减值带来的风险。第二，为了避免上市公司管理层出于盈余管理的动机，利用商誉减值是否与何时计提的自由裁量权来隐藏商誉减值风险，建议使用商誉摊销法与商誉减值测试法相结合的方法对商誉进行后续计量，在规定的年限内按一定的比例将商誉逐年分摊至零，这样可以倒逼企业谨慎地确认商誉金额，避免将来企业利润为负被强制退市的风险。第三，对商誉减值信息的披露，将应该披露改为必须披露，除对商誉减值的金额进行披露外，还要对减值原因、业绩承诺完成情况、每年减值测试的情况等进行披露，降低信息不对称的风险及商誉减值带来的风险。

6.5 案例小结

TS娱乐的一系列并购重组产生了大额的商誉，2018年其计提巨额商誉减值，对当期业绩表现造成严重的不利影响，最终爆发。巨额商誉减值所造成的不良经济后果不容小觑，商誉暴雷将企业上市多年的经营成果亏损殆尽，导致财富向大股东转移而中小股东利益受损，引发股市的剧烈动荡，不利于我国金融市场的长期繁荣稳定。TS 娱乐的商誉暴雷事件也让我们思考，商誉的本质是什么、商誉的减值是否合理、现行的商誉会计处理准则是否合理。如今，我们正处于大数据时代，可以通过不同的传感器采集各种数据，通过互联网上自己的生活痕迹采集大量数据，成为新的资源。在这个大数据时代，数据能变成资源，进而数据也就变成了资产。如今，开始过渡到一个将其资本化的时代，即数据作为一种产品，作为一种可以交换的资产，将成为社会发展的新动力。因而，我们可以进一步思考，在数字化时代下，商誉的本质是否会发生变化。

第 7 章

新收入准则对 LT 公司的影响分析案例

7.1 案例背景

电信运营服务属于通信细分行业，电信业务收入的稳定增长是通信产业健康运行的活力之源。随着云计算、大数据、物联网、人工智能等新技术的应用，新兴业务大力拓展，固定增值与其他业务将进一步发展，推动电信业务收入增长。另外，5G 渗透率不断提高，5G 用户不断增加，也会推动电信业务收入的增长。电信行业在现代社会中具有至关重要的地位，它的发展可以大大加速信息的流动，缩短空间距离，提高社会经济的运行效率，从而创造巨大的社会效益。电信行业具有服务性、网络性、技术密集性等特点，电信网络是电信行业所拥有的特殊资源，特别是近年来，电信技术迅速发展，新业务层出不穷，市场竞争日益激烈。

LT 公司是中国唯一一家在纽约、中国香港、上海三地同时上市的电信运营企业，是经国务院批准设立的控股公司，于 2009 年 1 月 6 日在原中国网通和原中国 LT 的基础上合并组建而成，经营范围为电信业投资。

该公司通过 LT 红筹公司及其所属子公司向全国提供全方位的电信服务，包括移动宽带、固网宽带、GSM、固网本地电话、信息通信技术服务、数据通信服务及其他相关增值服务。

由于 LT 公司属于境内外同时上市的公司，根据规定，其 2018 年的报表必须实施《企业会计准则第 14 号——收入》（财会〔2017〕22 号）（以下简称“新收入准则”）。本案例中的数据均采用合并报表数据。

2018 年，LT 公司的发展改革取得重大突破，这是其大改革的第一年，包括理念改革、合作战略改革、互联网运营改革、混合所有制改革等，这些方面的改革使 LT 公司飞速发展，企业收益不断增加，经营能力不断加强。LT 公司向新治理、新基因、新运营、新动能、新生态的“五新”建设迈出重要步伐。

2018 年，LT 公司的经营业绩得到了明显的提升。全年主营业务收入达到 2 637 亿元，与 2017 年相比增长了 5.9%，比同行业平均增长 3%的水平更高；EBITDA（税息折旧及摊销前利润，即未计利息、税项、折旧及摊销前的利润）达到 852 亿元，实现了 4.3%的增幅；利润总额达到 121 亿元，其中归属于母公司的净利润为 41 亿元，与 2017 年相比增长了 858%。

在 LT 公司 2018 年的收入构成中，宽带及移动数据服务收入占比最大，占整体的 56.29%；语音通话及月租费、数据及其他互联网应用收入分别位列第二位和第三位，占比为 12.32%和 10.05%。其余各项均小于 10%。

2018 年，LT 公司的营业收入达到 2 908.77 亿元，相比于 2017 年增长了 5.9%。年报披露显示，在 2018 年，LT 公司的固网宽带用户总数超过 8 000 万户，比 2017 年净增加 434 万户，增长率为 234%。视频业务较 2017 年增加 9%，渗透率为 44%。固网宽带这一业务的收入为 423 亿元，增加幅度减小，说明该业务发展较为稳定。2018 年，公司固网的收入为 963 亿元，比 2017 年增长了 6%，原因是 LT 公司不断完善新业务和固网宽带业务。2018 年，LT 公司的净利润达 93 亿元，与 2017 年相比增长了 452%。

7.2 案例训练

（1）对比新旧收入准则，分析两者之间存在哪些主要的异同点。

（2）新收入准则对电信行业收入会计处理主要有哪些方面的影响？新旧收入准则下，LT 公司收入会计处理有哪些差异？

（3）新收入准则对 LT 公司的作用有哪些？

7.3 案例提示

（1）学习新收入准则，明确相关知识点之间的联系及新旧收入准则的异同。

（2）新收入准则对电信行业和 LT 公司的收入的会计处理有何异同？

（3）根据案例中的 LT 公司由于收入准则的变化所涉及的经营内容进行梳理。

7.4 案例分析

1. 新收入准则相关知识点

1）理论背景

2014 年 5 月，国际会计准则理事会与美国财务会计准则委员会联合发布了《国际财务报告准则第 15 号——与客户之间的合同产生的收入》，取代国际财务报告准则及美国公认会计原则，并就客户合同引入了单一的新收入确认模型，这一做法既完善了收入确认的框架，也厘清了收入确认的原则。为了紧跟时代潮流，适应经济发展，规范会计处理，中华人民共和国财务部在 2017 年 5 月发布了新收入准则，这极大地颠覆了以往收入确认的理念，也极大地变革了以往收入确认的模型。然而，新收入准则仅仅只是为企业提供了关于收入确认理念、收入确认模型等方面的原则性指导意见，并没有结合具体的行业和交易的事项提出应用指南，因此在企业将新收入准则真正地应用到实务的过程中，依然还存在许多尚未解决的问题。

新收入准则下，收入确认的核心理念是“在客户取得相关商品或服务的控制权时确认收入”，要求收入确认的方式应当反映其向客户转让商品或提供服务的模式，收入确认的金额应当反映交付商品或服务而预期有权收取的金额。根据新收入准则的有关规定，企业在对收入确认的时候，应当按照以下五个步骤来进行。第一步，识别与客户订立的合同。合同是指双方或多方之间订立的有法律约束力的有关权利和义务的协议，企业要想对收入进行确认，必须拥有满足特定标准的合同作为前提条件，此外，在符合要求的条件下，合同可以进行变更或者合并。第二步，识别合同中的单项履约义务。履约义务是指合同中企业向客户转让可明确区分商品的承诺，要想满足可明确区分的条件，不仅要基于商品的自身特征判断是否可明确区分，还要基于特定合同背景判断是否可明确区分。第三步，确定交易价格。交易价格是指企业因向客户转让商品而预期有权收取的对价金额。一般情况下，企业合同的交易价是固定的，但是企业在确定交易价格的时候，还应当考虑可变对价、重大融资成分、非现金对价、应付客户对价。第四步，将交易价格分摊至各单项履约义务。企业交易价格的分摊原则是在合同开始日按各单项履约义务所承诺商品的单独售价的相对比例来进行分摊。单独售价可以先依据可观察价格来估计，如果没有可观察价格，则需要采用市场调整法、成本加成法或余值法来进行估计。第五步，履行每一单项履约义务时确认收入。企业在履行合同中的履约义务时可以分为以下两种情况：一是在一段时间内履行履约义务；二是在某时间履行履约义务。如果企业是在一段时间内履行履约义务，那么需要按履约进度来确认收入；如果企业是在某时间履行履约义务，那么需要在客户获得商品控制权的时点确认收入。

2）新收入准则要求所新增设的主要科目及其内涵

首先，新收入准则要求所新增设的科目是合同资产。合同资产是指企业向客户转让商品而有权收取对价的权利，该权利取决于时间流逝之外的其他因素。其次，新收入准则要求所新增设的科目是合同负债。合同负债是指企业基于已收或应收客户对价而应向客户转让商品的义务。再次，新收入准则要求所新增设的科目是合同取得成本。合同取得成本是指企业为取得合同发生的增量成本，即企业预期能够收回的，不取得合同就不会发生的成本。最后，新收入准则要求所新增设的科目是合同履约成本。合同履约成本是指企业为履行合同所发生的成本。

3）确认收入的有关条款

第四条　企业应当在履行了合同中的履约义务，即在客户取得相关商品控制权时确认收入。取得相关商品控制权，是指能够主导该商品的使用并从中获得几乎全部的经济利益。

第五条　当企业与客户之间的合同同时满足下列条件时，企业应当在客户取得相关商品控制权时确认收入：

（一）合同各方已批准该合同并承诺将履行各自义务；

（二）该合同明确了合同各方与所转让商品或提供劳务（以下简称“转让商品”）相关的权利和义务；

（三）该合同有明确的与所转让商品相关的支付条款；

（四）该合同具有商业实质，即履行该合同将改变企业未来现金流量的风险、时间分布或金额；

（五）企业因向客户转让商品而有权取得的对价很可能收回。

在合同开始日即满足前款条件的合同，企业在后续期间无须对其进行重新评估，除非有迹象表明相关事实和情况发生重大变化。合同开始日通常是指合同生效日。

第七条　企业与同一客户（或该客户的关联方）同时订立或在相近时间内先后订立的两份或多份合同，在满足下列条件之一时，应当合并为一份合同进行会计处理：

（一）该两份或多份合同基于同一商业目的而订立并构成一揽子交易。

（二）该两份或多份合同中的一份合同的对价金额取决于其他合同的定价或履行情况。

（三）该两份或多份合同中所承诺的商品（或每份合同中所承诺的部分商品）构成本准则第九条规定的单项履约义务。

第八条　企业应当区分下列三种情形对合同变更分别进行会计处理：

（一）合同变更增加了可明确区分的商品及合同价款，且新增合同价款反映了新增商品单独售价的，应当将该合同变更部分作为一份单独的合同进行会计处理。

（二）合同变更不属于本条（一）规定的情形，且在合同变更日已转让的商品或已提供的服务（以下简称“已转让的商品”）与未转让的商品或未提供的服务（以下简称“未转让的商品”）之间可明确区分的，应当视为原合同终止，同时，将原合同未履约部分与合同变更部分合并为新合同进行会计处理。

（三）合同变更不属于本条（一）规定的情形，且在合同变更日已转让的商品与未转让的商品之间不可明确区分的，应当将该合同变更部分作为原合同的组成部分进行会计处理，由此产生的对已确认收入的影响，应当在合同变更日调整当期收入。

本准则所称合同变更，是指经合同各方批准对原合同范围或价格做出的变更。

第九条　合同开始日，企业应当对合同进行评估，识别该合同所包含的各单项履约义务，并确定各单项履约义务是在某一时段内履行，还是在某一时点履行，然后，在履行了各单项履约义务时分别确认收入。

履约义务，是指合同中企业向客户转让可明确区分商品的承诺。履约义务既包括合同中明确的承诺，也包括由于企业已公开宣布的政策、特定声明或以往的习惯做法等导致合同订立时客户合理预期企业将履行的承诺。企业为履行合同而应开展的初始活动，通常不构成履约义务，除非该活动向客户转让了承诺的商品。

企业向客户转让一系列实质相同且转让模式相同的、可明确区分商品的承诺，也应当作为单项履约义务。

第十条　企业向客户承诺的商品同时满足下列条件的，应当作为可明确区分商品：

（一）客户能够从该商品本身或从该商品与其他易于获得资源一起使用中受益；

（二）企业向客户转让该商品的承诺与合同中其他承诺可单独区分。

4）新旧收入准则对比

（1）收入确认模型不同。

旧收入准则根据业务的类型（销售商品收入、提供劳务收入、让渡资产使用权收入和建造合同）分别确认收入。

新收入准则以业务的类型来确认收入，将旧收入准则和建造合同两项准则纳入统一的确认模型。

（2）收入确认时点的判断标准不同。

旧收入准则下，收入确认时点的判断标准是企业将商品所有权上的主要风险和报酬转移给购货方。

新收入准则下，收入确认时点的判断标准是控制权转移。新收入准则第四条明确规定，企业应当在客户取得相关商品控制权时确认收入；第五条对控制权转移的迹象给出了明确的指引，规定了当企业与客户之间的合同同时满足某些条件（见新收入准则第五条内容）时，企业应当在客户取得相关商品控制权时确认收入。

控制权的转移与风险和报酬的转移时点实际上在大多数情况下是一致的。但是，在某些交易事项下可能会产生偏离，使新旧收入准则下收入确认时点不同。例如，一些手机、汽车、摩托车等零配件供应商，其产品通常只适用于某品牌某型号的手机、汽车、摩托车等。该零配件除销售给该手机、汽车、摩托车等制造商外没有其他替代用途，并且根据合同约定该供应商有权就当前已完成的工作获得报酬。那么在此情况下，按照新收入准则的规定，该供应商应当随这些零配件的生产，在一段时间内确认收入。而在旧收入准则下通常是在该供应商将零配件交付时确认收入。

旧收入准则在收入确认时强调“风险和报酬转移”；而新收入准则强调“控制权转移”，因此在这种情况下收入确定时点不一致。

（3）对于包含多重交易安排的合同的会计处理指引不同。

旧收入准则对于包含多重交易安排的合同的会计处理仅提供了非常有限的指引。而新收入准则第七条对于包含多重交易安排的合同的会计处理给出了明确的指引。

新收入准则引入了“履约义务”的概念。新收入准则第九条规定：合同开始日，企业应当对合同进行评估，识别该合同所包含的各单项履约义务。例如，一家软件开发商为某企业开发软件并提供相关技术服务，应根据其技术服务的性质来判断是否是一项单独的履约义务，如果该服务是一项定制服务，只能由该企业完成且市场上无其他单独提供该服务的供应商，那么该服务应确认为一项单独的履约义务。反之，则可认为该合同中有两项履约义务，一是软件开发，二是技术服务。

新收入准则还规定：如果合同中包含多项履约义务，要按照各项履约义务所承诺商品（或服务）的相对单独售价将交易价格分摊至各项履约义务，进而在履行各履约义务时确认相应的收入。

（4）对于某些特定交易（或事项）的收入确认和计量的规定不同。

旧收入准则规定，企业应当按照从购货方已收或应收的合同或协议价款确定销售商品收入金额，但已收或应收的合同或协议价款不公允的除外。另外，企业代第三方收取的款项，应当作为负债处理，不应当确认为收入。

新收入准则第三十四条给出了明确的指引：企业应当根据其在向客户转让商品前是否拥有对该商品的控制权，来判断其从事交易时的身份是主要责任人还是代理人。企业在向客户转让商品前能够控制该商品的，该企业为主要责任人，应当按照已收或应收对价总额确认收入；否则，该企业为代理人，应当按照预期有权收取的佣金或手续费的金额确认收入，该金额应当按照已收或应收对价总额扣除应支付给其他相关方的价款后的净额，或者按照既定的佣金金额或比例等确定。

以企业代理商品销售业务为例，如在向委托方转让代理商品前，该企业即受托方不能控制该商品，那么根据新收入准则第三十四条规定，该企业只能将其收取的代理费部分的收入确认为营业收入，以更真实地反映业务的本质。

因此，新收入准则对于某些特定交易（或事项）的收入确认和计量，与旧收入准则相比，规定得更明确。

2. 新收入准则对收入会计处理的影响分析

1）新收入准则对电信行业收入会计处理的影响

（1）对不同业务的影响。电信行业的主营业务为语音通话服务业务、增值服务业务、捆绑销售类业务、宽带服务业务、移动数据服务业务、数据及其他互联网应用服务业务、电路及网元服务业务等。其中，受新收入准则影响较大的是捆绑销售类业务和宽带服务业务。

① 捆绑销售类业务。在电信行业的众多销售运营模式中，电信企业通常为了扩大销售会推出购机赠话费或者存话费赠话费的捆绑业务，表面上看似乎合约中的一部分商品是赠送的，但根据新收入准则的规定，其本质是两种商品的出售，必须单独确认。此外，电信企业除自身销售商品以外，还委托渠道商销售。当捆绑销售类业务中包含终端产品时，无论是购机赠话费还是存话费赠机，企业都需要在签订合同后将终端产品和通信服务分开确认收入。根据新收入准则的规定，终端产品的收入在合同实施时确认，通信服务收入在合同履约期间分期确认。因此，该类型的捆

绑销售业务会使合同实施时点的销售收入和预收款都增加，合同履约的后续期间仅有剩余的通信服务收入。这将会导致会计收入与销售账单金额之间的时间不匹配，并且在每位用户使用后续通信服务时产生的平均收入也会减少。

② 宽带服务业务。宽带服务业务收入是电信企业的主要收入来源之一，是指用户提前预存一定期限（通常为 1 年及以上）的费用，在合约存续期间，电信企业会给客户提供宽带服务。并且在通常情况下，电信企业通过委托渠道商来发展用户数量，当渠道商成功发展新用户或续费用户后，电信企业会按该笔收入的一定比例给予渠道商作为佣金。在新收入准则下，该笔佣金将在发生时确认为一项资产，在后续合约期间内作为销售费用分期摊销。

（2）对交易价格确定的影响。新收入准则完善了对交易价格的确认标准，影响主要体现在以下三个方面。

第一，可变对价对交易价格的影响。可变对价是指企业与客户签订的合同交易价格可能会由于折扣、退款等而发生变化。例如，捆绑销售类业务中的存话费赠话费业务，在新收入准则下被视为销售折扣进行处理。

第二，重大融资行为的影响。若合同中包含了重大融资行为，企业应当以客户在取得商品控制权时用现金支付的应付金额作为交易价格。在判断融资行为是否重大时，要考虑两方面的因素：一是承诺的对价金额与商品的现销价格之间的差额；二是企业承诺转让商品的时间与客户支付款项的时间差，以及相关的市场现行利率。例如，电信企业允许客户以分期付款的方式购买手机。

第三，应付客户对价的影响。若企业存在应付客户对价，应当将该部分价款在交易价格中冲减。例如，电信企业委托经销商销售手机，企业与经销商之间存在一个合同的交易价格，当客户持有电信企业发放的优惠券向经销商购买手机时，优惠的这部分价格就是企业对经销商的应付客户对价。

（3）对收入确认时点的影响。

对于电信行业的捆绑销售类业务而言，由于新收入准则强调收入的确认要以“控制权转移”为标准，且销售收入要在终端产品和通信服务之间按比分配，会导致收入确认的时点前移，使企业与客户签订合同的当期利润增加。

2）新旧收入准则下 LT 公司收入会计处理的差异分析

（1）收入构成不同。

以“购机赠话费”业务为例，LT 公司网上营业厅推出如下业务：客户以 5 499 元的市场价格购买一部华为手机，必须办理 99 元的通信套餐，其中 5 499 元的购买价款由 1 020 元的预存款和 4 479 元的购机款两部分构成。该笔预存款将作为赠送的话费，在合同期的 12 个月内分月返还到客户的通信账户上，且可以用于抵扣每月的套餐费。

当客户选择签订上述合约套餐，那么客户一共需要支付 5 667 元，第一笔款项在合约签订时缴纳，包括一部手机的价款和当月的通信费用，剩余款项为通信服务收入，在未来 11 个月内按月分摊确认。结合手机和通信套餐的单独售价来看，客户相当于以 5 667 元取得了一部市价 5 499 元的手机和市价 1 188 元的通信服务。

在旧收入准则下，LT 公司将 5 499 元确认为销售终端收入，168 元确认为通信服务收入。但在新收入准则下，销售终端收入是按单项履约义务的公允价值比例法进行分摊确认的，因此应当确认销售终端收入为 4 660 元。对比可以发现，新收入准则下比旧收入准则多对手机确认了 839 元，通信服务收入则少确认了 839 元。可以看出，在新收入准则公允价值法处理下，终端产品收入和通信服务收入得到了更公允的分配，更真实地反映了业务实质，提高了财务信息的准确性。

（2）收入确认时点不同。

仍以上述“购机赠话费”业务为例，由于新收入准则强调收入的确认要以“控制权转移”为标准，且销售收入要在终端产品和通信服务之间按比分配，所以导致收入确认时点前移。此外，在新收入准则下，合约中的通信服务收入是在一年内按公允价值法分期确认的，所以合约签订当期确认的收入比旧收入准则下的收入要高，从而使企业与客户签订合同的当期利润也比旧收入准则下的要高。

在旧收入准则下按剩余价值法对合同收入进行分摊，具体购机赠话费业务收入在旧收入准则下的分配情况如表 7-1 所示。

表 7-1　具体购机赠话费业务收入在旧收入准则下的分配情况

单位：元

履约义务	第 1 月	第 2 月	第…月	第 12 月	合计
销售终端收入	5 499				5 499
通信服务收入	14	14	14	14	168
合计	5 513	14	14	14	5 667

注：表格内数据资料来源于 LT 公司网上营业厅。

在新收入准则下采用“五步法”对合同收入进行确认。

第一步：识别与客户订立的合同。

本合同：客户以总计 5 667 元的款项得到一部市价 5 499 元的华为手机及每月市价 99 元的通信套餐，其中包含可按月返还的 1 020 元预存款，合同期 12 个月。

借：银行存款　　　　5 667

　　贷：合同负债　　　　5 667

第二步：识别合同中的单项履约义务。

新收入准则第九条明确规定，合同开始日，企业应当对合同进行评估，识别该合同所包含的各单项履约义务，并确定各单项履约义务是在某一时段内履行，还是在某一时点履行，然后，在履行了各单项履约义务时分别确认收入。识别合同中的单独履约义务的要点是关注商品或服务是否可明确区分。

履约义务是指合同中企业向客户转让可明确区分商品的承诺。履约义务既包括合同中明确的承诺，也包括由于企业已公开宣布的政策、特定声明或以往的习惯做法等导致合同订立时客户合理预期企业将履行的承诺。企业为履行合同而应开展的初始活动，通常不构成履约义务，除非该活动向客户转让了承诺的商品。

合同中包含销售终端和通信服务两项履约业务，需要单独确认收入。根据独立售价标准，手机价值 5 499 元，通信服务价值 1 188 元。

第三步：确定交易价格。

交易价格是指企业因向客户转让商品而预期有权收取的对价金额。确定“预期有权收取的对价金额”时，应当考虑各个行业特性、客户的特定说明和合同的有关规定等，如给客户打折，就要按折扣后的金额确认交易价格。

该合同的交易价格为 LT 公司给客户提供的一部华为手机和为期 12 个月的通信服务后有权收取的对价金额，即 5 667 元。

第四步：将交易价格分摊至各单项履约业务。

新收入准则第十四条和第二十条明确规定，合同中包含两项或多项履约义务的，企业应当在合同开始日，按照各单项履约义务所承诺商品的单独售价的相对比例，将交易价格分摊至各单项履约义务。

将交易价格按照手机和通信套餐的独立售价所占比例进行分摊。手机独立售价为 5 499 元，通信服务收入独立售价为 99 × 12=1 188 元，则分摊公式如下：

销售终端收入=5 499/（5 499+1 188）× 5 667≈4 660 元

通信服务收入=1 188/（5 499+1 188）× 5 667≈1 007 元

第五步：履行每一单项履约义务时确认收入。

企业履行履约义务有两种方式，一种是属于在某一时段内履行履约义务（以下简称“时段履约”），另一种属于在某一时点履行履约义务（以下简称“时点履约”）。履约义务的履行方式不同，收入确认的方式也不同，对于时点履约，新收入准则第十三条规定企业应当在客户取得相关商品控制权时点确认收入，即只有当客户获得主导该商品的使用权并从中获得几乎全部剩余利益的现时权利时，企业才能确认收入。

（3）购机赠话费业务收入在新收入准则下的确认情况如表 7-2 所示。

表 7-2 购机赠话费业务收入在新收入准则下的确认情况

履约义务	第 1 月	第 2 月	第…月	第 12 月	合计/元
销售终端收入	4 660				4 660
通信服务收入	83.92	83.92	83.92	83.92	1 007
合计	4 743.92	83.92	83.92	83.92	5 667

注：表格内数据资料来源于 LT 公司网上营业厅。

将表 7-2 购机赠话费业务收入在新收入准则下的确认情况与表 7-1 进行对比，可以发现，新收入准则下确认的销售终端收入比旧收入准则下的低，而通信服务收入却比旧收入准则下的高。

从整体来看，对于捆绑销售类业务，由于销售终端收入是在合同签订时确认的，并且确认的金额是通过独立售价比例法分摊计算的，新收入准则下合同签订时的收入金额低于旧收入准则，但后续期间对通信服务的按期分摊金额高于旧收入准则。因此，如果合约期超过一个会计期间，则会导致新收入准则下各个会计期间确认的收入与旧收入准则的不同，但合同总收入不变。

3. 新收入准则对 LT 公司的作用

新收入准则的颁布使 LT 公司规范了企业在销售商品、提供劳务收入和他人使用本企业资产的交易中形成的收入的会计核算和相关信息披露，促进了会计确认工作更加顺畅和高效地进行，具体表现在以下几个方面。

1）促使收入确认更加公平

首先，新收入准则下，在签订合同的过程之中，如果企业需要对于资产及负债进行收入确认的时候，需要将这些资产及负债作为新的确定点。新收入准则之中这样的要求是与相关准则相符的。其次，新收入准则之中加入了新的因素，即融资因素，如果融资所占的比例较高，此时就需要对收入时间价值进行改变，以时间价值来对资产进行衡量。因此，在新收入准则下，不管是促使各项准则实现了统一，进行了收入披露，还是计入了新的融资因素，都促使确认收入更加公平。

2）统一了收入确认条件

在以往的国际贸易之中，不同行业之间、不同国家之间的贸易所采用的结算方式是不相同的。由于收入确认方式方面存在不同，无法对一些数据进行十分准确地核算，但是新收入准则具有很强的全球趋同性，使各行业之间在不同的环境下所产生的数据有了统一的规范，从而使各个企业能够靠统一的规范进行分析，来促进自身的发展。企业在进行一些较大金额的融资时，时间价值会成为一种重要参考。但是，如果忽视了时间价值，那么企业的收入确认就会失去公允性，在新收入准则下，企业会对融资因素进行更加科学和合理的分析，使结算更加公正，使交易的有序进行更有保障，维护债权人的正当权益。

3）有利于企业做出正确的选择

新收入准则对相关内容进行了变更，同时也对相关的财务人员提出了更高的要求，同时新收入准则还使企业能够清晰地了解自身的实际运营状况，以自身运营状况为基础结合市场的实际经济形势做出最有利于自身发展的决定。新收入准则还将资产和负债进行了融合。在旧收入准则下，收入方面存在着复杂性和差异性，十分不利于实际操作。在新收入准则下，企业收入更加具有统一性，促使企业能够认清自身所处的形势，做出有利于自身发展的决策。只有将收入构成细化才能明确业务的收入占比及资金流向，在财务报告中清晰明了地显示出来，为企业的决策提供准确的信息支持，为企业实现战略目标提供重要保障。

7.5 案例小结

新收入准则对电信企业的影响：明确了以“控制权转移”为收入确认时点，解决了以往存在的收入确认时点界定困难的问题。新收入准则确定当合同中包含多项履约义务时，应当将总收入按合同中各项履约义务的单独售价占总合同收入的百分比进行分摊，更真实地反映企业会计期间应确认的收入。此外，针对电信行业存在的社会渠道佣金，新收入准则也给出了“将其在合约期间分摊”的明确指引，帮助电信行业规范了确认标准。

新收入准则的修订不仅为会计人员给出了更明确的指引，同时也增强了会计信息的可比性，提高了信息质量。但新收入准则也并不是没有缺陷的，如对于合同成本资本化的确认和计量，合同资产和负债的确认和计量，由于是新收入准则修订的成果，一些企业的会计人员对此并不了解，因此未来仍需对其进行深入的分析研究，以便更好地服务于企业。

第二部分　综合案例训练篇

第8章

FMGJ 公司投资业务案例

8.1 长期股权投资业务

8.1.1 案例背景

FMGJ 公司供应链股份有限公司（以下简称“FMGJ 公司”）成立于 1998 年，于 2008 年成功在深交所上市，公司致力于打造提供高端物流服务的专业供应链。公司秉承“诚信为本，技术引领”的经营理念，实施“供应链服务+环保新能源”双主业战略，曾连续 6 年上榜财富中国 500 强。2017 年，FMGJ 公司保持快速的发展趋势，以营业收入 521 亿元进入财富中国 500 强第 127 位。2018 年 FMGJ 公司长期股权投资情况如表 8-1 所示。

表 8-1　2018 年 FMGJ 公司长期股权投资情况

单位：元

项目	2018 年				
	期初余额	追加投资	减少投资	权益法下确认的投资损益	宣告发放现金股利或利润
前海启航	43 012 282.24			–8 136 488.06	
广物供应链	38 091 737.31		–3 4149 907.14	3 197 766.44	–7 139 596.61
太初投资		9 800 000.00			
东莞 FM				35 931 236.98	

项目	2018 年			
	计提减值准备	其他	期末余额	减值准备期末
前海启航			34 875 794.18	
广物供应链			0.00	
太初投资	9 800 000.00		0.00	9 800 000.00
东莞 FM		1 753 977 400.00	1 789 908 636.98	

8.1.2 案例提示

长期股权投资是指通过投资取得被投资单位的股份。一般来说，包括投资方对被投资方能够实施控制或具有重大影响的权益性投资，以及对其合营企业的权益性投资。具体来说，所谓控制类型，是指企业的财务、经营策略控制权限的归属问题，如果企业对被投资企业持有 50%以上的表决权，或者被投资企业属于该企业子公司，那么就属于控制类长期股权投资。共同控制是指按照相关约定对某项安排所共有的控制，并且该安排的相关活动必须经过分享控制权的参与方一致同意后才能进行决策。企业与其他合营方一同对被投资企业实施控制且对被投资企业净资产享有权利的，被投资企业为企业的合营企业。重大影响是指对一家企业的财务和经营决策有参与的权力，但并不能够控制或者与其他方一起共同控制这些决策的制定。企业能够对被投资企业施加重大影响的，被投资企业为企业的联营企业。

初始投资成本的确定分为两种情况。

（1）企业合并形成的长期股权投资。

同一控制下的企业合并：企业以支付现金、转让非现金资产或承担债务方式及以发行权益性证券作为合并对价的，在合并日按照取得被合并方所有者权益在最终控制方合并财务报表中的账面价值的份额作为长期股权投资的初始投资成本。因追加投资等原因能够对同一控制下的被投资企业实施控制的，在合并日根据合并后应享有被合并方净资产在最终控制方合并财务报表中的账面价值的份额，确定长期股权投资的初始投资成本。根据合并日长期股权投资的初始投资成本，与达到合并前的长期股权投资账面价值和合并日进一步取得股份新支付对价的账面价值之和的差额，调整股本溢价，股本溢价不足冲减的，计入留存收益。

非同一控制下的企业合并：企业按照购买日确定的合并成本作为长期股权投资的初始投资成本。因追加投资等原因能够对非同一控制下的被投资企业实施控制的，按照原持有的股权投资账面价值和新增投资成本之和，作为按成本法核算的初始投资成本。

（2）其他方式取得的长期股权投资。以支付现金方式取得的长期股权投资，按照实际支付的购买价款作为初始投资成本。以发行权益性证券取得的长期股权投资，按照发行权益性证券的公允价值作为初始投资成本。在非货币性资产交换具备商业实质、换入资产或换出资产的公允价值能够可靠计量的前提下，非货币性资产交换换入的长期股权投资根据换出资产的公允价值和应支付的相关税费确定其初始投资成本，除非有确凿证据表明换入资产的公允价值更加可靠。不满足上述前提的非货币性资产交换，以换出资产的账面价值和应支付的相关税费作为换入长期股权投资的初始投资成本。通过债务重组取得的长期股权投资，其初始投资成本以公允价值为确定基础。

8.1.3 案例分析

从表 8-1 可知，FMGJ 公司在 2018 年对太初投资增加了 9 800 000 元投资，并于当年全额计提了减值准备。对于东莞 FM 的长期股权投资增加，FMGJ 公司在 2018 年年报中解释：本公司 2018 年第二次临时股东大会审议通过了《关于子公司实施增资扩股暨关联交易的议案》，FM 投资（FMGJ 公司的母公司）通过增资扩股方式投资入股东莞 FM 后，本公司对东莞 FM 的持股比例由原来的 96%下降为 39.62%，丧失了对东莞 FM 的控制权，但能够对东莞 FM 施加重大影响，在编制合并财务报表时，对于剩余股权按照丧失股权日的公允价值进行重新计量。对于 FMGJ 公司的上述解释，立信会计师事务所对其评价为“公司对东莞 FM 的长期股权投资核算是否合理、准确，难以确定”。

2019 年的 FMGJ 公司长期股权投资情况如表 8-2 所示。

表 8-2　2019 年的 FMGJ 公司长期股权投资情况

单位：元

项目	2019 年				
	期初余额	权益法下确认的投资损益	计提减值准备	期末余额	减值准备期末
前海启航	34 875 794.18	−4 197 208.59	−9 928 021.25	20 750 564.34	
广物供应链				0.00	
太初投资				0.00	9 800 000.00
东莞 FM	1 789 908 636.98	−780 588.37	−1 789 128 048.61	0.00	

由表 8-2 可知，FMGJ 公司在 2019 年将东莞 FM 的全部长期股权投资计提了减值准备，将当年东莞 FM 的长期股权投资清零。高额的资产减值损失确认，FMGJ 公司并未对此进行详细解释，不得不让人怀疑 FMGJ 公司存在“洗大澡”情形。

对于以上变化，我们将从 FMGJ 公司与实际控制人黄某之间的产权及控制关系进行分析。FMGJ 公司与实际控制人之间的产权及控制关系图如图 8-1 所示。

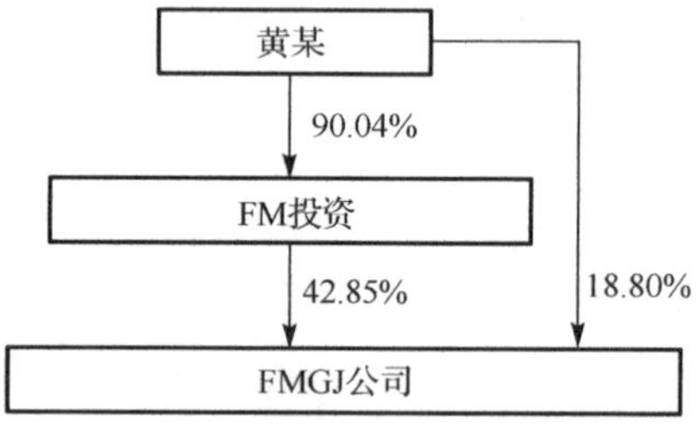

图 8-1　FMGJ 公司与实际控制人之间的产权及控制关系图

由图 8-1 可知，FMGJ 公司的实际控制人为黄某，其个人直接持有 FMGJ 公司股份 14 062.5 万股，占公司股份总额的 18.80%，是 FMGJ 公司的第二大股东，并且其通过 FM 投资间接持有 FMGJ 公司 42.85%的股份。由于 FM 投资的实际控制人也是黄某，因此，对于 2018 年 FM 投资对东莞 FM 进行增资扩股，最终导致 FM

投资对东莞 FM 的持股比例由 96%降至 39.62%，丧失对东莞 FM 控制权的事件，也很难不让人怀疑此举实际是为 2019 年进行“洗大澡”做的铺垫，毕竟除对长期股权投资进行全额计提减值准备之外，FMGJ 公司还对当年预付账款计提了近 83 亿元的坏账准备，计提比例高达 95%。2016—2019 年 FMGJ 公司的利润情况如表 8-3 所示。

表 8-3　2016—2019 年 FMGJ 公司的利润情况

科目	2019 年	2018 年	2017 年	2016 年
净利润/亿元	−123.26	−22.08	3.06	15.32
净利润同比增长率/%	−458.24	−821.64	−80.03	574.79
扣非净利润/亿元	−119.78	−21.69	1.71	1.67
扣非净利润同比增长率/%	−452.12	−1 368.50	2.50	29.50
营业总收入/亿元	3.14	410.49	613.84	521.63
营业总收入同比增长率/%	−99.24	−33.13	17.68	9.15

由表 8-3 可知，FMGJ 公司的净利润在 2016—2019 年呈直线式下跌，而 2019 年亏损的 123.26 亿元的背后，就有着约 82 亿元预付账款的计提减值准备和约 17 亿元的长期股权投资减值损失，突然的巨额亏损很难不让人猜测公司存在“洗大澡”行为。

8.1.4　案例小结

在本案例中，因原持有的股权被稀释，FMGJ 公司与被投资企业由母子公司关系转变为联营企业关系，并于 2019 年将长期股权投资全部计提减值准备。在核算当年被出具“无法确认长期股权投资核算是否合理、准确”的意见。从本案例可以得到几点启示：第一，长期股权投资对于企业而言，属于一种长期持有、不准备随时变现的长期非流动资产，持有该类资产的目的并不是为了在短期内获得收益，而是为了强化与其他企业之间的关联度，或者是为了影响乃至于控制目标企业的经营活动或者财务活动；第二，长期股权投资属于高风险资产，如果企业存在长期股权投资结构方面的不足，可能会影响企业的盈利，阻碍企业的成长；第三，对长期股权投资计提减值准备可能会被企业管理层作为盈余管理的一种手段，但如果金额较大，则会面临被审计师出具非标审计意见等风险，对企业产生不利影响，建议企业慎用。

8.2　投资性房地产业务

8.2.1　案例背景

FMGJ 公司的主营业务为供应链管理服务，包括综合供应链服务、煤炭供应链服务、塑化供应链服务和有色金属供应链服务，是深圳市重点物流企业。从上市以来，FMGJ 公司一直采用成本模式对公司持有的投资性房地产进行后续计量，2017年年初，FMGJ 公司认为投资性房地产的后续计量采用公允价值模式更能反映出公司持有的投资性房地产的价值，提高公司财务信息的准确性，并且认为公司持有的投资性房地产满足“投资性房地产所在地有活跃的房地产交易市场”和“企业能够从房地产交易市场取得同类或类似房地产的市场价格及其他相关信息，从而对投资性房地产的公允价值做出合理的估计”两个条件，因此公司于 2017 年 1 月 25 日、召开第四届董事会第九次会议，并于 2017 年第一次临时股东大会审议通过了《关于变更投资性房地产会计政策的议案》，决定自 2016 年 12 月 1 日起对投资性房地产的后续计量模式进行会计政策变更，即由成本模式变更为公允价值模式。

8.2.2 案例提示

投资性房地产是指为赚取租金或资本增值，或者两者兼有而持有的房地产，包括已出租的土地使用权、持有并准备增值后转让的土地使用权、已出租的建筑物（含自行建造或开发活动完成后用于出租的建筑物及正在建造或开发过程中将来用于出租的建筑物）。

相较于固定资产、无形资产，公司采用成本模式计量的投资性房地产会对已出租的建筑物或土地使用权进行计量，并计提折旧或进行摊销。采用公允价值模式进行后续计量时，不对其计提折旧或进行摊销，而是以资产负债表日投资性房地产的公允价值为基础调整其账面价值，将公允价值与原账面价值之间的差额计入当期损益。对于在建投资性房地产，如果其公允价值无法可靠确定但预期该房地产完工后的公允价值能够持续可靠取得的，以成本模式计量该在建投资性房地产价值，等到其公允价值能够可靠计量时或其完工后（两者孰早），再以公允价值模式计量。为保证会计信息的可比性，投资性房地产的计量模式一经确定，不得随意变更；已采用公允价值模式计量的投资性房地产，不得从公允价值模式变更为成本模式。

8.2.3 案例分析

1. 公允价值模式对资产的影响

相关会计准则规定，采用公允价值模式对投资性房地产进行后续计量，无须对其计提折旧或进行摊销，只需按照市场的公允价值确认当期损益，因为此时投资性房地产的账面价值随房地产市场的波动而波动。相较于成本模式下的投资性房地产，以公允价值进行后续计量势必会大大增加企业内部非流动资产，进而降低资产负债率，提高企业内部偿债能力。

2016 年 FMGJ 公司采用公允价值模式计量的投资性房地产如表 8-4 所示。

表 8-4　2016 年 FMGJ 公司采用公允价值模式计量的投资性房地产

单位：元

项目	房屋、建筑物	土地使用权	在建工程	合计
一、期初余额	142 912 900.00	106 095 700.00	134 200 756.94	383 209 356.94
二、本期变动	–129 424 700.00	2 072 172 000.00	–134 200 756.94	1 808 546 543.06
加：外购		122 133 692.27		122 133 692.27
存货/固定资产/在建工程转入			–134 200 756.94	–134 200 756.94
企业合并增加				
减：处置				
其他转出				
公允价值变动	–129 424 700.00	1 950 038 307.73		1 820 613 607.73
三、期末余额	13 488 200.00	2 178 267 700.00		2 191 755 900.00

公允价值模式对资产的影响如表 8-5 所示。

表 8-5　公允价值模式对资产的影响

单位：元

项目	2015 年年末	2016 年年初（调整后）	2016 年年末
投资性房地产	231 510 219.05	383 209 356.94	2 191 755 900.00
总资产	20 574 909 333.50	21 465 062 573.53	19 684 893 411.57
投资性房地产在总资产中占比/%	1.13	1.79	11.13
净资产	2 427 638 978.39	3 252 072 683.50	4 076 053 026.83
投资性房地产在净资产中占比/%	9.54	11.78	53.77
负债	18 147 270 355.11	18 212 989 890.03	15 608 840 384.74
资产负债率/%	88.20	84.85	79.29

由表 8-4 可知，FMGJ 公司的投资性房地产主要来自公司已出租的土地使用权，并且在将投资性房地产的后续计量模式改为公允价值模式时，产生的公允价值变动高达 1 820 613 607.73 元；由表 8-5 可知，当投资性房地产后续计量模式由成本模式改为公允价值模式以后，投资性房地产的账面价值由 2015 年年末的 231 510 219.05 元变为 2016 年年末的 2 191 755 900.00 元，增长率高达 846.72%，调整后的投资性房地产在净资产中的占比也较之前大幅增加，由占比 9.54%增加到占比 53.77%，调整后的投资性房地产在总资产中的占比也从 1.13%增加到 11.13%，调整后的资产负债率有所下降，从原来的 88.20%下降到 79.29%。从总体来讲，在投资性房地产后续计量模式变更后，企业的偿债能力提升了，资产价值增加了，而且这种变化具有一定的必然性。

2. 公允价值模式对利润的影响

通常，企业内部任何会计计量属性发生变更都会影响到企业利润。企业投资性房地产后续计量模式由成本模式变更为公允价值模式，需要企业自身具有在房地产市场上获取相关资产的交易价格和其他有效信息的能力。另外，由于需要将公允价值高于账面余额的差额计入公允价值变动损益，影响企业利润，因此不少企业利用这种会计政策的变更进行盈余管理。

2015—2017 年 FMGJ 公司利润变动相关数据如表 8-6 所示。

表 8-6　2015—2017 年 FMGJ 公司利润变动相关数据

单位：元

项目	2015 年	2016 年	2017 年
公允价值变动损益	–459 900.00	1 820 613 607.73	122 161 100.00
非经常性损益	–13 054 071.85	1 365 134 376.13	134 954 468.88
利润总额	275 576 909.99	2 074 760 647.63	394 589 407.14
公允价值变动损益占利润总额比例/%	–0.17	87.75	30.96

由表 8-6 可知，在将 2016 年投资性房地产后续计量模式改为公允价值模式以后，其公允价值变动损益的金额为 1 820 613 607.73 元，超过了当年非经常性损益，并且金额巨大，占利润总额的 87.75%，对于企业当年的利润产生了力挽狂澜的作用。另外，对公司其他利益相关者的迷惑性也极大，等到 2017 年时，企业的公允价值变动损益较 2016 年减少了 93.29%，致使公司 2017 年的利润又回归到 2015 年的水平。

2015—2017 年 FMGJ 公司经营活动产生的现金流量净额如表 8-7 所示。

表 8-7　2015—2017 年 FMGJ 公司经营活动产生的现金流量净额

单位：元

项目	2015 年	2016 年	2017 年
经营活动产生的现金流量净额	–926 978 303.48	–1 669 402 905.72	163 936 661.71

由表 8-7 可知，该公司 2016 年经营活动产生的现金流量净额为–1 669 402 905.72 元，在企业自身出现这么庞大的现金净流出时，通常表明企业该年度经营业绩较差，而经过投资性房地产后续计量模式的变更，FMGJ 公司实现了扭亏为盈，更加说明 2016 年公司利润增长的主要原因是以公允价值进行后续计量的投资性房地产。

3. 公允价值模式对纳税的影响

相关会计准则规定，当公司采用成本模式进行投资性房地产后续计量时，可以对当期投资性房地产进行减值准备、累计折旧或者累计摊销的计提，从而抵扣企业当期应纳税所得额，发挥税盾的作用；而当企业变更成本模式为公允价值模式时，不仅无法再进行减值准备、累计折旧和累计摊销的抵扣，还会由于计量模式的变更产生递延所得税。

投资性房地产带来的非经常性损益项目及金额如表 8-8 所示。

表 8-8　投资性房地产带来的非经常性损益项目及金额

单位：元

受影响的报表项目名称和金额	2016 年 12 月 31 日	2015 年 12 月 31 日
递延所得税负债	494 110 630.29	37 924 784.47
未分配利润	1 423 038 615.22	109 223 379.28
归属于母公司的所有者权益	1 423 038 615.22	109 223 379.28
	2016年度	2015年度
营业成本	–4 129 775.52	–4 736 827.80
公允价值变动损益	1 820 613 607.73	–459 900.00
所得税费用	456 185 845.82	1 069 231.95
净利润	1 368 557 537.43	3 207 695.85
归属于母公司的净利润	1 313 815 235.93	3 079 388.02

由表 8-8 可知，FMGJ 公司的所得税费用从 2015 年度的 1 069 231.95 元，暴增到 2016 年度的 456 185 845.82 元。另外，由于计量模式的变更，产生了大量的递延所得税负债，这不仅要耗费人力、物力对企业的纳税系统进行全面调整，还要背负高额的所得税费用，提高了企业成本。

8.2.4　案例小结

（1）FMGJ 公司将投资性房地产后续计量模式由成本模式改为公允价值模式，造成企业资产和利润的大幅波动。一方面，企业经营业绩产生的大幅波动会引起企业股东、债权人及其他利益相关者的质疑，当被怀疑存在盈余管理、粉饰报表的行为时，企业的市场形象及人们对企业的信任度都会下降；另一方面，企业投资性房地产本身的公允价值大于原账面价值的部分当期损益，本质上属于企业利得，并不能为企业带来有效的业绩改善。

（2）FMGJ 公司将投资性房地产后续计量模式改为公允价值模式，成功地为盈余管理创造了空间。一方面，市场上与企业相关投资性房地产的公允价值评估具有可操作性；另一方面，在后续计量模式改变的当年，企业的经营活动产生的现金流量净额为负，可利润总额却远超公司实际经营水平，并且投资性房地产计量模式的变更带来的公允价值变动损益也超出非经常性损益，可知企业当年的经营业绩主要依靠公允价值变动损益。

（3）FMGJ 公司在变更了投资性房地产后续计量模式后，增加了企业所得税费用支出，也失去了原有成本模式下所计提的减值准备、累计折旧、累计摊销的税盾作用。

8.3　并购业务

8.3.1　案例背景

上市以来，FMGJ 公司除专注主营业务——物流供应链（综合物流服务）外，还进军能源资源行业，包括煤炭供应链服务、塑化供应链服务和有色金属供应链服务。

鉴于供应链物流市场的竞争日益激烈，主营业务市场狼多肉少，FMGJ 公司开始转寻其他业绩增长方向。随后，FMGJ 公司确立了“供应链服务+环保新能源”双主业战略，形成供应链业务的两条主线。在双主业战略下，FMGJ 公司开始了在环保新能源领域的战略布局，手段简单粗暴，即跑马圈地式并购。

8.3.2 案例提示

企业并购是指企业兼并与企业收购，是一家企业以现金、证券或其他形式购买其他企业的部分或全部资产或股权，以取得对该企业的控制权的一种经济行为。企业并购方式一般有很多种划分方法，可依据不同的划分标准划分为不同类别。根据并购双方所处的行业，可以划分为纵向并购、横向并购及混合并购。根据并购的支付方式，可以划分为现金形并购、换股形并购及杠杆形并购。根据法律形式，可以划分为吸收合并、控股合并及新设合并。根据并购方对目标公司收购所持有的态度，可以划分为善意并购和恶意并购。

FMGJ 公司年报披露，公司意在通过对外并购，根据供应链服务和环保新能源业务发展的需要，结合行业发展趋势，积极整合内外部资源，在公司稳健经营的基础上，适时采用收购、参股或联营等方式，整合行业内与公司主营业务相关的、资产质量较好的、资源能力互补的企业，形成以企业内生增长为基础，外延发展为补充的良好发展态势。

8.3.3 案例分析

1. 开拓环保新能源业务动因分析

FMGJ 公司的公告显示，公司进军环保新能源产业主要是由于公司看好环保新能源产业的广阔发展前景，但笔者认为除此之外，还有另外一个重要原因——公司主营业务利润率低，盈利模式亟须改进。

2014—2018 年 FMGJ 公司的营业收入情况如表 8-9 所示。

表 8-9 2014—2018 年 FMGJ 公司的营业收入情况

单位：亿元

项目	2014 年		2015 年		2016 年		2017 年		2018 年	
	金额	比重	金额	比重	金额	比重	金额	比重	金额	比重
总营业收入	321.19	100%	477.89	100%	521.63	100%	613.84	100%	410.49	100%
按行业分类										
物流供应链服务业	320.98	99.94%	476.18	99.64%	519.94	99.68%	611.93	99.68%	408.66	99.55%
物流园经营服务业	0.21	0.06%	1.71	0.36%	0.13	0.02%	0.1	0.02%	0.03	0.01%
环保新能源行业	—	—	—	—	1.56	0.3%	1.81	0.3%	1.8	0.44%

续表

项目	2014 年		2015 年		2016 年		2017 年		2018 年	
	金额	比重	金额	比重	金额	比重	金额	比重	金额	比重
按产品分类										
综合物流服务	2.17	0.68%	2.47	0.52%	2.59	0.50%	4.08	0.66%	4.18	1.02%
贸易执行服务——矿产资源行业	313.68	97.66%	471.62	98.69%	514.29	98.59%	606.37	98.78%	401.58	97.83%
贸易执行服务——其他	5.34	1.66%	3.8	0.79%	4.75	0.91%	3.39	0.56%	4.73	1.15%

如表 8-9 所示，从行业来看，FMGJ 公司的主要营业收入来源于物流供应链服务业；从产品来看，FMGJ 公司的主要营业收入来源于贸易执行服务——矿产资源行业。

2014—2018 年 FMGJ 公司的主营业务毛利率情况如表 8-10 所示。

表 8-10　2014—2018 年 FMGJ 公司的主营业务毛利率情况

盈利能力指标	2014 年	2015 年	2016 年	2017 年	2018 年
综合毛利率	0.51%	0.50%	0.82%	0.85%	0.30%
供应链服务业毛利率	0.47%	0.48%	0.66%	0.71%	0.14%
贸易执行服务——矿产资源行业毛利率	0.35%	0.38%	0.61%	0.63%	0.03%
环保新能源行业毛利率	—	—	45.32%	40.37%	33.02%

同行业毛利率对比如图 8-2 所示。

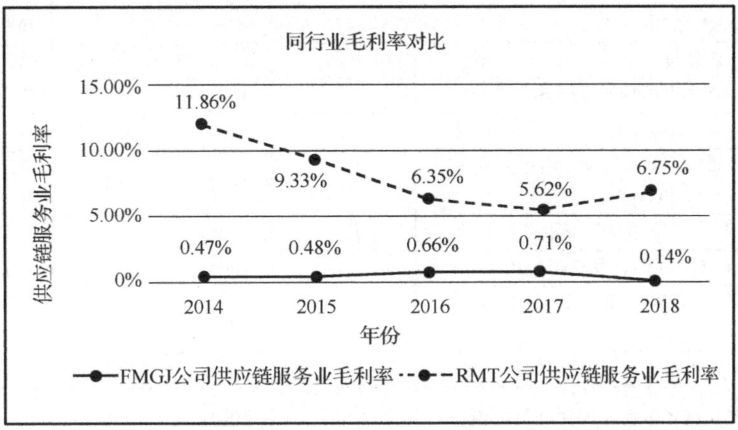

图 8-2　同行业毛利率对比

虽然 FMGJ 公司的主要营业收入从行业来说来源于供应链服务业，从产品来说主要来源于贸易执行服务——矿产资源行业，但是从表 8-10 和图 8-2 可以看出，其主营业务毛利率一直处于一个较低水平，与同为供应链企业的 RMT 公司相比较，FMGJ 公司的供应链服务业毛利率一直都在 1%以下，而同行业企业 RMT 公司的供应链服务业毛利率远高于 FMGJ 公司的，有时是 FMGJ 公司供应链服务业毛利率的

10 倍甚至是 20 倍。究其原因在于，FMGJ 公司提供的供应链服务只是简单的垫资采购执行服务，大宗商品的供应商将物流、仓储、清关、运输等环节外包给 FMGJ 公司，而 FMGJ 公司在进行提货时需要提前为货物需求方垫资，需求方只需要按照一定账期与 FMGJ 公司进行对账。虽然在这种业务模式下，FMGJ 公司无须承担存货与商品销售风险，但是这本质上就是一种代理服务，其中的增值服务较少，无法为企业带来更多利润。相反，同行业的 RMT 公司不仅提供撮合交易、贸易执行、物流仓储等基础的供应链服务，还提供一些具有较高技术含量的增值服务，为下游电厂等终端客户提供“经济适用煤”。在不同的场景下，RMT 公司摸索出不同的掺配方法，把“优质煤”和“劣质煤”按不同比例掺配加工出经济适用的新煤种，通过这种增值服务来提升供应链服务价值，以获取更多的利润。

基于主营业务并不能为企业带来可观收益，FMGJ 公司在 2016 年转而开拓新的营收领域，投资环保新能源产业，将公司发展战略改为“供应链服务+环保新能源”双主业模式。

2. 投资环保新能源业务的影响

（1）对营业收入的影响。

2016—2017 年 FMGJ 公司环保新能源投资及并购项目如表 8-11 所示。

表 8-11　2016—2017 年 FMGJ 公司环保新能源投资及并购项目

时间	标的	合同金额/亿元	股比	实际支出/亿元	备注
2016 年	JMHB 公司	7.5	100%	7.5	收购控股股东资产
2016 年	GFXNY 公司	2.7	55%	—	收购控股股东资产
2016 年	ZQHB 公司	0.24	55%	—	收购控股股东资产
2017 年	广西来宾市生物质直燃热电项目	1	100%	0.1	新设
2017 年	原平——富乔循环经济示范产业园	1	100%	0.3	新设
2017 年	高平市城乡垃圾收集、清运和处理一体化（PPP）项目	1	100%	0.1	设计、建设、拥有运营 PPP
2017 年	柳城——富乔循环经济示范产业园	11.7	100%	—	框架协议
2017 年	惠州 TCL 环保资源有限公司	5	100%	—	现金收购
2017 年	临夏——富乔循环经济示范产业园一期 PPP 项目	10.5	100%	—	BOO 建造、拥有、运营
2017 年	河南淅川富乔垃圾发电项目	1	100%	0.1	
2017 年	新安县城乡生活垃圾焚烧热电项目	3.6	100%	0.05	BOO 建造、拥有、运营

环保新能源业务是 FMGJ 公司 2016 年新开拓的业务，以并购 FM 投资持有的深圳 JMHB 有限公司（以下简称“JMHB 公司”）100%股权、GFXNY 有限公司（以下简称“GFXNY 公司”）55%股权和 ZQHB 有限公司（以下简称“ZQHB 公司”）55%股权进入环保新能源行业，合计耗资 10.44 亿元。由于各种原因，最后只收购了 JMHB 公司 100%股权，支付了 7.5 亿元。除此之外，FMGJ 公司在成功并购 JMHB

公司的基础上，继续增加对其他环保新能源项目的投资，尽管其中有些并购或者投资项目未完成，公司也依然在环保新能源业务中投入了大量时间和资金。

环保新能源业务情况如表 8-12 所示。

表 8-12　环保新能源业务情况

项目	2016 年	2017 年	2018 年
总营业收入/亿元	521.63	613.84	410.49
环保新能源业务营业收入/亿元	1.52	1.7	1.74
环保新能源业务占比/%	0.29%	0.28%	0.42%
环保新能源业务毛利率/%	45.32%	40.37%	33.02%

由表 8-12 可以看出，FMGJ 公司开拓的环保新能源业务确实带来了很高的毛利率，虽然在 2016—2018 年呈下降趋势，2018 年环保新能源业务毛利率为 33.02%，2016 年为 45.32%，下降了 12.3 个百分点，但是从总体来讲，环保新能源业务的毛利率仍处于较高水平，只不过由于原有的物流供应链业务规模庞大，环保新能源业务在总营业收入中并没有占据太多份额。

（2）对资产状况的影响。

由于 FMGJ 公司的供应链服务业务模式需要为大宗货物需求方进行提货垫资，导致公司高度依赖短期融资，再加上 2016 年以来对环保新能源业务的开拓，公司所需资金量巨大，增加了短期融资压力。

2014—2018 年 FMGJ 公司资产负债情况如表 8-13 所示。

表 8-13　2014—2018 年 FMGJ 公司资产负债情况

单位：亿元

项目	2014 年	2015 年	2016 年	2017 年	2018 年
货币资金	105.40	113.90	62.48	69.00	31.84
应收票据及账款	14.11	30.94	30.10	25.77	16.72
预付账款	40.44	50.27	60.32	58.50	87.73
存货	2.19	1.03	3.14	16.12	0.39
流动资产合计	162.14	196.14	156.04	169.39	136.68
投资性房地产	1.02	3.83	21.92	23.14	0.00
固定资产	0.38	1.04	2.48	2.27	0.07
商誉	0.00	4.68	4.68	4.70	4.40
非流动资产合计	1.4	9.55	29.08	30.11	4.47
短期借款	84.97	35.42	12.18	22.71	44.45
应付票据	68.91	129.90	93.04	101.00	53.67
应付账款	2.04	2.93	4.74	8.55	3.23
流动负债合计	155.92	168.25	109.96	132.26	101.35
长期借款	0.00	6.56	15.44	13.86	3.69
长期债券	0.00	0.00	4.82	4.89	0.00
非流动负债合计	0.00	6.56	20.26	18.75	3.69

由表 8-13 可以看出，在流动资产方面，FMGJ 公司 2014—2018 年货币资金逐年减少，但是预付账款却呈现增加态势；除 2018 年外应付账款在逐年增加，2016 年和 2017 年公司的非流动负债增长较多。

2014—2018 年 FMGJ 公司资产负债相关指标分析如表 8-14 所示。

表 8-14　2014—2018 年 FMGJ 公司资产负债相关指标分析

指标	2014 年	2015 年	2016 年	2017 年	2018 年
流动资产/总资产	99.03%	94.18%	83.35%	84.32%	84.73%
货币资金/流动资产	62.40%	56.33%	38.07%	38.08%	22.57%
预付账款/流动资产	23.94%	24.86%	36.76%	32.28%	62.18%
应收票据及账款/流动资产	8.35%	15.30%	18.34%	14.22%	11.85%
流动资产/流动负债	103.94%	115.41%	125.46%	122.68%	98.95%
资产负债率	95.32%	84.85%	79.28%	80.00%	88.04%

同行业资产负债率对比如图 8-3 所示。

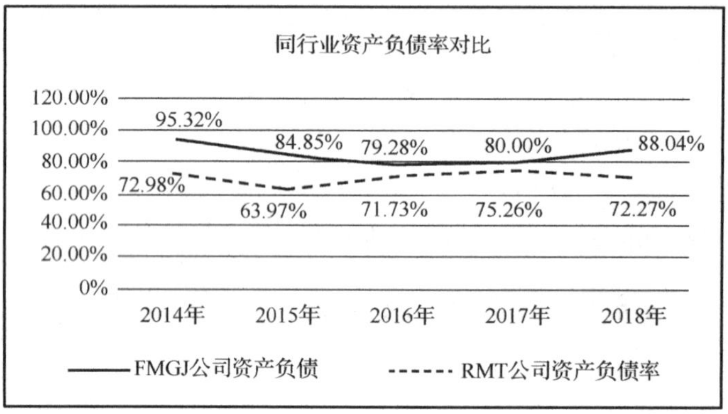

图 8-3　同行业资产负债率对比

同行业速动比率对比如图 8-4 所示。

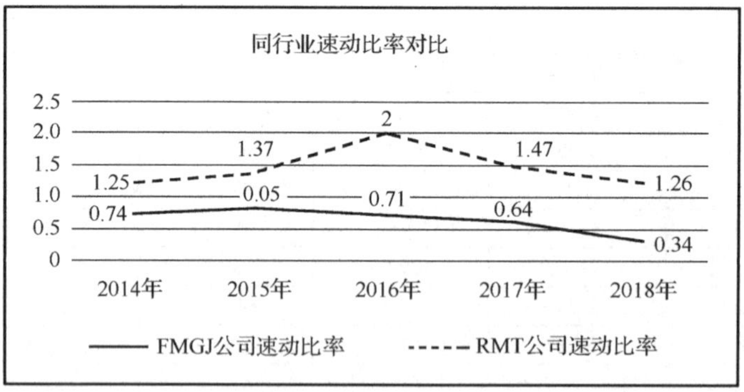

图 8-4　同行业速动比率对比

由表 8-14 可知，FMGJ 公司的流动资产占总资产的比率呈降低趋势，而分别从货币资金、预付账款、应收票据及账款占流动资产的比例来看，货币资金的比例在大幅降低，从 2014 年占比 62.4%，到 2018 年仅占比 22.57%，而其他几项流动资产大体呈增加趋势，也就是说，在公司快速进行新业务扩张并购的同时，加之企业本身的垫资运作模式，使公司资金流动性变差，高流动性的货币资金转为应收票据及账款。另外，公司预付账款的增加也说明企业本身对于供应商的讨价还价能力变弱。在负债方面，由图 8-3 和图 8-4 可知，FMGJ 公司的资产负债率高于同行业 RMT 公司的，而速动比率远低于 RMT 公司的，2014—2018 年 FMGJ 公司的速动比率均小于 1，表明 FMGJ 公司的变现能力差，短期负债不能被流动资产所覆盖，紧急偿债能力较差。

（3）对现金流的影响。

2014—2018 年 FMGJ 公司现金流量状况如表 8-15 所示。

表 8-15　2014—2018 年 FMGJ 公司现金流量状况

单位：亿元

项目	2014 年	2015 年	2016 年	2017 年	2018 年
经营活动流入现金小计	354.52	513.76	601.88	692.48	470.62
经营活动现金流出小计	351.39	523.28	618.58	690.84	517.29
经营活动产生的现金流量净额	3.13	–9.52	–16.70	1.64	–46.67
投资活动现金流入小计	0.01	14.22	34.49	5.53	29.99
投资活动现金流出小计	0.66	16.06	38.00	13.18	28.57
投资活动产生的现金流量净额	–0.65	–1.84	–3.51	–7.65	1.42
筹资活动现金流入小计	159.09	237.34	117.40	85.65	105.40
筹资活动现金流出小计	169.10	218.60	85.52	78.78	83.14
筹资活动产生的现金流量净额	–10.01	18.74	31.88	6.87	22.26

从表 8-15 来看，2014—2018 年，经营活动产生的现金流量净额有 3 年为负数，尽管 2017 年转为正数，但也只是略有盈余，2018 年经营活动产生的现金净流量差额进一步扩大，公司营收质量恶化。公司在经营活动产生的现金流入不足的情况下，仍继续加大对外投资，2015 年较 2014 年投资活动的现金支出增长约 23 倍，而 2016 年较 2015 年投资活动的现金支出增长约 137%，而回笼的现金有限，无法覆盖投资活动的现金支出，导致公司投资活动产生的现金流量净额持续为负，直到 2018 年。

FMGJ 公司的经营活动和投资活动同时存在现金缺口，导致公司不得不持续筹资，2015—2018 年连续筹资活动产生的现金流量净额为正值，表明公司依赖对外融资来维持经营活动和投资活动，弥补公司现金短缺。FMGJ 公司的此种经营模式为 2018 年遭遇的危机埋下了种子。

8.3.4 案例小结

（1）FMGJ 公司进军环保新能源产业的动因除看好这个行业的发展前景外，还有企业本身存在大量垫资、增值服务较少导致利润低下等有关公司盈利模式上的问题，因此想要采取“供应链服务+环保新能源”双主业战略，以期发展新的利润增长点。

（2）FMGJ 公司通过并购 JMHB 公司，确实为企业带来了新的盈利，但是由于企业原有的物流供应链业务规模庞大，导致环保新能源业务在总营业收入中并没有占据太多份额。

（3）由于 FMGJ 公司迫切需要转变公司利润率低下的业务模式，因此对看好的环保新能源业务进行了跑马圈地式并购，但企业原本就过度依赖短期融资进行运营，这就导致企业需要大量流动资金，使公司偿债能力进一步减弱。

（4）并购业务使企业陷入了一个恶性循环，即投资业务占用大量资金，公司本身经营活动产生的现金流量净额也经常处于负值状态，最后导致公司只有依赖外部筹资才能维持运营。

第 9 章

DFHK 公司外汇业务处理及租赁业务会计政策变更案例

9.1 DFHK 公司的汇兑损益核算

9.1.1 案例背景

DFHK 公司是一家航空公司，是由中央直接管辖的国有独资公司，也是同行业内第一家在纽约、中国香港和上海三地上市的公司，1997 年 2 月 4 日、5 日及 11 月 5 日，公司分别在纽约证券交易所、香港联合交易所和上海证券交易所成功挂牌上市。2016 年 8 月，DFHK 公司在 2016 中国企业 500 强中排名第 155 位。2017 年 3 月 30 日，DFHK 公司对外发布的 2016 年度业绩报告显示，2016 年营业收入在全球同类公司中排名第七。2017 年 12 月 30 日，DFHK 公司完成公司制改制并领取新的营业执照。2020 年 4 月，DFHK 公司入选国务院国资委“科改示范企业”名单。

DFHK 公司主要从事国内和国际航空服务，包括客运、货运、邮件运输、行李运输和其他服务，分公司遍布全国，包括山东、安徽、江西、山西、河北、甘肃、云南、浙江各省及北京市。DFHK 公司拥有的现代化机队包括近 700 架客机和货机，平均机龄不到 5.7 年，是世界上较大的航空公司中最年轻的机队之一。DFHK 公司是天合联盟成员，其年客运量超过 1 亿人次，在全球排名第七，航线网络遍及全球 175 个国家和地区，2018 年客运量突破 1.2 亿人次。DFHK 公司是中国三大国有大型重点航空企业之一，其外币资产、负债、收入随其发展持续增长，同时其也面临着较大的外汇风险。

2016 年，人民币兑美元汇率中间价从 1 月初开始下跌，全年基本保持跌势，其中在 5 月、10 月和 11 月跌幅均超过 1%，特别是在人民币正式加入 SDR 之后，人民币兑美元汇率中间价连续三个月下跌。截至 2016 年 12 月 29 日，人民币兑美元汇率中间价 2016 年累计下跌幅度达 6.39%，跌幅较 2015 年的 5.77%更大。同时，因为航空公司属于资金密集型企业，需要跨境运输并开展服务，飞机、航天材料等大宗商品的采购、租赁等业务都涉及外汇业务，债务融资以美元等外币为主，所以作为典型的外汇负债公司，航空公司对外汇资金的依赖度非常高，因此航空公司从人民币升值获得的汇兑收益，会随着人民币的贬值而变化，并转变为汇兑损失。

9.1.2 案例提示

航空业是一个特种行业，具有流动资产比重低、长期资产比重高、外币债务比重高、受外部因素影响大等特点。

关于汇率波动，截至 2019 年 12 月 31 日，DFHK 公司外币带息负债总额折合人民币为 583.24 亿元，其中美元负债占全部外币带息负债的 79.80%。因此在美元兑人民币汇率大幅波动的情况下，由外币带息负债折算产生的汇兑损益金额较大，从而影响公司的盈利状况和发展。公司以外汇套期合约来降低因销售机票的外汇收入及规避需以外汇支付的费用而导致的汇率风险。截至 2018 年 12 月 31 日，DFHK 公司持有尚未平仓的外汇套期合约的名义金额为 6.55 亿美元，截至 2019 年 12 月 31 日为 7.76 亿美元，并将于 2020 年至 2021 年期满。

而在汇率波动风险方面，公司外币带息负债主要以美元负债为主，在美元兑人民币汇率大幅波动的情况下，美元负债将因此产生较大金额的汇兑损益，直接影响公司当期利润，对公司经营业绩造成较大影响。截至 2019 年 12 月 31 日，如果美元兑人民币升值或贬值 1%，其他因素不变，公司净利润及其他综合收益受到的影响如表 9-1 所示。

表 9-1 公司净利润及其他综合收益受到的影响

单位：百万元

对净利润的影响		对其他综合收益的影响	
升值	贬值	升值	贬值
−328	328	41	−41

9.1.3 案例分析

从资产结构来看，DFHK 公司流动资产占比较低、长期资产占比较高。流动资产占比较低主要体现在，截至 2020 年 9 月 30 日，DFHK 流动资产为 2 363 500 万元，总资产为 28 355 800 万元，占比为 8.3%。

公司资产中长期资产占比较高的原因是，固定资产飞机数量多，价值高。截至 2019 年 7 月末，DFHK 公司合计运营 705 架飞机，其中自有飞机 247 架，融资租赁 262 架，经营租赁 196 架。飞机引进途径主要为波音、空客和国际租赁公司等，结算方式均为外币，因此飞机引进无论是自购形式还是杠杆租赁，都会带来外汇风险。飞机的价格直接影响航空公司的经营业绩。

2019 年，DFHK 公司拓宽融资渠道，通过发行超短期融资券、人民币贷款等方式开展人民币融资，公司计划未来将进一步加强对汇率市场的研判，拓宽各类融资渠道，持续优化公司债务币种结构，降低汇率波动对公司经营的不利影响。

2014—2018 年 DFHK 公司五年的汇兑损益情况如图 9-1 所示。

图 9-1　2014—2018 年 DFHK 公司五年的汇兑损益情况

除 2017 年汇兑获得收益外，其余年份均为汇兑损失，特别是 2015 年汇兑损失为 49.87 亿元，之后损失的情况虽然有了一定的好转，但是仍然面临着巨额的汇兑损失，在 2018 年损失了 20.04 亿元。外汇风险管理取得了一定的效果但是仍然存在许多问题。

9.1.4　案例小结

汇兑损益亦称汇兑差额，就是由于汇率的浮动所产生的结果，是指企业在发生外币交易、兑换业务和期末账户调整及外币报表换算时，由于采用不同货币或同一货币不同比价的汇率核算时产生的、按记账本位币折算的差额。简单地讲，汇兑损益是在各种外币业务的会计处理过程中，因采用不同的汇率而产生的会计记账本位币金额的差异。

9.2　DFHK 公司融资租赁业务会计政策变更

9.2.1　案例背景

随着经济全球化的不断发展及全球市场的不断开放，居民物质生活水平的提高和市场需求的加速增长，DFHK 公司迎来了快速发展的良好时机。但是，由于受到不断加剧的行业竞争、高居不下的运营成本等因素的影响，行业内也出现了高增长、低效益的状况，面对旺盛的市场需求，如何扩大自己的经营规模，抢占市场份额，有效降低和控制运营成本，获得足够的利润，满足生存和发展的需求，是公司面临的一大难题。其中，航空公司固定资产的压力极其明显，尤其是飞机成本较高，因此在一定程度上，融资租赁是目前航空公司引进飞机的主要方式，其对扩大航空公司经营规模、解决融资需求等问题起到了积极作用。航空公司采用融资租赁方式引进飞机的原因如下。

（1）由于飞机资产造价高昂，若直接购入飞机，需要支付涵盖飞机购买价款、预付款利息、税费、保险费等各项费用。因此，航空公司以直接购买的方式获取飞机会导致大笔现金流出，加大资金流动性压力，影响其日常营运管理。但是，通过融资租赁来获取飞机，便可以让航空公司以较低的现金流出得到飞机的使用权限，在不影响公司日常管理营运的情况下，使其运输能力得到满足。

（2）税收优惠降低租金成本。近年来，我国颁布并实行、发布了多项推动租赁业交易活动开展的政策举措，如进行政府补贴、达到要求标准的资产缩短折旧年限（规定不小于 60%）、通过加快折旧的方法计提折旧、针对那些将进口的机型租赁给我国境内各大航空企业的出租方使其享有和我国境内航空企业相同的进口飞机优惠税收政策、规定期限内免征收购进飞机时产生的购销合同印花税等政策。

（3）租赁业“营改增”增加税费抵扣。购入飞机时，其增值税进项税额能够抵扣。若通过贷款买入飞机，无法对增值税进行抵扣，产生的应付利息只能够按照所得税应纳税所得额的抵减项目来抵扣所得税；而在采取融资租赁引进飞机时，就会有两方面的抵扣项，租金中包含的增值税进项税额及飞机价款抵扣增值税，可见融资租赁方式更能缓解航空公司的支付压力。实行“营改增”税制变革后，航空公司是受益的，主要是因为降低了该行业的税收负担，改革后其固定资产有了比以前更高的增值率。航空公司的毛利率相比其他行业来说很低，经营过程中的成本相对更高一些，但是税改政策大幅度增加了航空公司的可抵扣进项税额，帮助航空公司降低了成本，体现了减税的作用。

近年来，DFHK 公司持续践行绿色发展理念，优化机队结构。2019 年，公司围绕主力机型共引进飞机合计 44 架，退出飞机 1 架。随着 A350-900、B787-9、A320NEO 等新机型的引进，公司机队机龄结构始终保持年轻化。截至 2019 年 12 月 31 日，机队情况如表 9-2 所示，公司共运营 734 架飞机，其中客机 723 架，托管公务机 11 架。

2019 年 DFHK 公司飞机融资租赁全年发生额为 14 155 545 元。

中国的融资租赁是改革开放的产物。改革开放后，为扩大国际经济技术合作与交流，开辟利用外资的新渠道，吸收和引进国外的先进技术和设备，中国国际信托投资公司于 1980 年引进租赁方式。1981 年 4 月，第一家合资租赁公司中国东方租赁有限公司成立，同年 7 月，中国租赁公司成立。这些公司的成立，标志着中国融资租赁业的诞生。

表 9-2 机队情况

单位：架

序号	机型	自有	融资租赁	经营租赁	小计	平均机龄/年
1	B77-300ER	10	10	0	20	3.9
2	B787-9	3	7	0	10	0.9
3	A350-900	1	6	0	7	0.8
4	A330-300	7	14	5	26	5.4
5	A330-200	17	13	0	30	6.6
宽体客机合计		38	50	5	93	4.6
6	A321	44	33	0	77	6.4
7	A320	69	45	66	180	9.0
8	A319	17	16	2	35	6.7
9	A320NEO	6	30	0	36	0.8
10	B737-800	49	67	117	233	5.0
11	B737-700	36	9	10	55	10.5
12	B787 MAX 8	2	12	0	14	1.7
窄体客机合计		223	212	195	630	6.6
客机合计		261	262	200	723	6．4
托管公务机总数					11	
飞机总数					734	

融资租赁是指出租人根据承租人对租赁物件的特定要求和对供货人的选择，出资向供货人购买租赁物件，并租给承租人使用，承租人则分期向出租人支付租金。在租赁期内，租赁物件的所有权属于出租人，承租人拥有租赁物件的使用权。租期届满，租金支付完毕并且承租人根据融资租赁合同的规定履行完全部义务后，对租赁物件的归属没有约定的或者约定不明的，可以协议补充；不能达成补充协议的，按照合同有关条款或者交易习惯确定；仍然不能确定的，租赁物件所有权归出租人所有。融资租赁是集融资与融物、贸易与技术更新于一体的新型金融产业。由于其融资与融物相结合的特点，出现问题时租赁公司可以回收、处理租赁物，在办理融资时对企业资信和担保的要求不高，所以非常适合中小型企业。

截至 2019 年年末，DFHK 公司运营着由 734 架客运飞机（其中包括托管公务机 11 架）组成的现代化机队，主力机型平均机龄约 6.4 年。2019 年，客运量超过 1.3 亿人次。旅客可享受天合联盟 19 家航空公司会员权益及全球 750 余间机场贵宾室的优质服务。公司致力于建设一个“员工热爱、顾客首选、股东满意、社会信任”的世界一流现代航空综合服务集成商。公司正以“精准、精致、精细”的服务为全球旅客不断创造精彩的旅行体验。2016 年，国际会计准则理事会颁布了《国际财务报告准则第 16 号——租赁》，并商定于 2019 年 1 月 1 日起正式实施。2018 年，中华人民共和国财政部（以下简称“财政部”）颁布了修订的《企业会计准则第 21 号——租赁》（以下简称“新租赁准则”），新租赁准则要求承租人对除短期租赁和低价值资产租赁以外的所有租赁确认使用权资产和租赁负债，并分别确认折旧和利息费用。DFHK 公司自 2019 年 1 月 1 日开始按照新租赁准则进行会计处理，并根据衔接规定，对可比期间信息不予调整。

9.2.2 案例提示

我国财政部于 2018 年 12 月颁布了新租赁准则，自 2019 年 1 月 1 日起施行。新租赁准则在租赁的定义、租赁资产的确认、承租方的会计处理方法等方面发生了变化。

面对新租赁准则，DFHK 公司应进行会计政策变更。会计政策变更是会计变更的一种，会计变更还包括会计估计或会计主体的变更。会计变更的反映与报告应该便于财务报表的分析与理解。

9.2.3 案例分析

首先，根据国际会计准则理事会颁布的《国际财务报告准则第 16 号——租赁》，分析境内外会计准则下的会计数据差异。

1. 净利润和净资产的差异情况

按照《国际财务报告准则》和中国《企业会计准则》披露的财务报告中，归属于上市公司股东的净利润和净资产的差异情况如表 9-3 所示。

表 9-3 净利润和净资产的差异情况

单位：百万元

	归属于上市公司股东的净利润		归属于上市公司股东的净资产	
	本期数	上期数	本期数	上期数
按中国《企业会计准则》	3 195	2 709	66 765	55 765
按《国际财务报告准则》调整的项目及金额：				
无形资产（商誉）(a)	—	—	2 242	2 242
由于不同折旧年限而造成飞机、发动机折旧费用及减值准备的差异（b）	–3	–11	7	10
其他	—	—	—	–3
少数股东权益/损益（c）	—	—	–6	–6
按国际财务报告准则	3 192	2 698	69 008	58 008

2. 境内外会计准则差异的说明

（1）在《国际财务报告准则》及中国《企业会计准则》下，DFHK 公司对吸收合并 SHGF 有限公司（以下简称“SHGF 公司”）的收购成本的公允价值及 SHGF 公司于收购日的净资产的公允价值的确认计量方法不同，因此就本次吸收合并所确认的无形资产（商誉）的价值有所不同。

（2）在中国《企业会计准则》下，于 2001 年 6 月 30 日前，飞机及发动机的折旧以其成本减去 3%的残值后按 10 至 15 年的预计可使用年限以直线法计提折旧;《国际财务报告准则》下，自 2001 年 7 月 1 日起，飞机及发动机的折旧以成本减去 5%残值后，按 15 至 20 年预计可使用年限计提折旧，此变更采用未来适用法处理。由于《国际财务报告准则》下飞机及发动机折旧年限为 15 至 20 年，以致在执行上述变更后，当年相关飞机及发动机在中国《企业会计准则》下的账面净值与《国际财务报告准则》下的账面净值不同。

其次，公司自 2019 年 1 月 1 日开始执行新租赁准则。对于首次执行上述准则的累积影响数，公司调整了 2019 年期初总资产、总负债和股东权益，增加期初总资产 325.76 亿元，增加期初总负债 343.34 亿元，减少期初股东权益 17.58 亿元。

截至 2019 年 12 月末，预付账款余额为 1.75 亿元，较 2018 年年末减少了 77.12%，主要是由于公司执行新租赁准则，预付融资租赁租金的摊销调整至使用权资产。截至 2019 年 12 月末，固定资产余额为 955.73 亿元，较 2018 年年末减少了 45.60%，主要原因是公司执行新租赁准则，将融资租赁资产转入使用权资产。截至 2019 年 12 月末，递延所得税资产余额为 8.53 亿元，较 2018 年年末增长了 312.08%，主要是由于公司执行新租赁准则，调整期初留存收益并调整递延所得税。长期应付款余额为 13.18 亿元，较 2018 年年末减少了 98.10%，主要原因是公司执行新租赁准则，将应付融资租赁款转入租赁负债。预计负债余额为人民币 66.59 亿元，较 2018 年年末增加了 141.18%，主要是公司执行新租赁准则，将经营租赁飞机退租检准备确认使用权资产和预计负债。递延收益余额为人民币 1.52 亿元，较 2018 年年末减少了 88.25%，主要是由于公司执行新租赁准则，将飞机售后回租的递延收益调整至使用权资产。递延所得税负债余额为人民币 0.22 亿元，较 2018 年年末减少了 73.81%，主要是由于公司执行新租赁准则，调整期初留存收益并调整递延所得税。而 DFHK 公司也根据实际生产经营特点制定了具体会计政策和会计估计，主要体现在固定资产折旧方法、收入的确认、租赁飞机及发动机的退租检修准备等。

新旧租赁准则关于承租人处理方法的异同在于以下几点。

① 旧租赁准则下承租人处理方法。

从承租方角度来说，对于经营租赁租入的固定资产，其每期发生的实际支付的租金费用应当在租赁存续期间内的各个会计期间以直线法或其他更为科学合理的方法计入当期损益。同时，将初始直接费用计入管理费用，并在或有租金实际发生时，将其计入发生期间的当期损益。如果该经营租赁合同规定了免租期，则应该将实际负担的租金总额在整个租赁存续期间内采用直线法或其他合理方法进行分摊，并在每一个会计期间内确认其租金费用，计入当期损益。免租期同样需要承担租金费用。如果租赁合同中规定出租人为承租人承担一些其他费用，则在计算租金总额时，应当将出租人支付的费用从租金总额中扣除，并将调整后的租金总额在租赁存续期间内按照直线法或其他方法进行合理分摊。

② 新租赁准则下承租人处理方法。

对于承租人来说，在租赁期开始日，新租赁准则要求将经营租赁租入资产并入合并报表，因此需要确认使用权资产和租赁负债。使用权资产是指承租人可在租赁期内使用租赁资产的权力。使用权资产应当按照成本进行初始计量。该成本包括租赁负债的初始计量金额；在租赁期开始日或之前支付的租赁付款额；存在租赁激励的，扣除租赁激励相关金额；承租人支付的初始直接费用；承租人为使该资产达到预定可使用状态发生的其他成本。承租人应当对使用权资产计提折旧，并在资产负债表日确认使用权资产是否发生减值，并对已识别的减值损失进行会计处理。

租赁负债应当按照租赁日尚未支付的租赁付款额现值进行计量。在以现值计量时，折现率按照下列顺序确认：租赁内含利率；租赁合同规定的利率；同期银行贷款利率。租赁付款额，即承租人为了获得该租赁资产的使用权向出租人支付的必要款项，一般来说包含：固定的或可变的租金付款额，如果存在免租期和其他优惠激励，则租赁付款总额需扣除相关激励性优惠金额；如果存在购买选择权，且可以合理确定承租人最终将行使该权利，则租赁付款额应包括行权价格；如果存在终止租赁选择权，且可以合理确定承租人将行使该权利，则该行权价格也应包含在租赁付款额中；因为存在担保余值而可能支付的其他款项。在后续计量中，租赁负债采用与融资租赁会计核算一致的方法，以摊余成本进行计量。承租人应当按照固定的周期性利率计算租赁负债在租赁期内各个期间的利息费用，并计入当期损益。

DFHK 公司自 2019 年 1 月 1 日开始按照新租赁准则进行会计处理，并根据衔接规定，对可比期间信息不予调整，于首次执行日根据新租赁准则与旧租赁准则的差异追溯调整 2019 年年初留存收益。

① 对于首次执行日之前的融资租赁，DFHK 公司按照融资租入资产和应付融资租赁款的原账面价值，分别计量使用权资产和租赁负债。

② 对于首次执行日之前的经营租赁，DFHK 公司根据剩余租赁付款额按首次执行日的增量借款利率折现的现值计量租赁负债，并根据不同的租赁资产类别，基于

单个合同分别按照以下方式计量使用权资产：Ⅰ对于除飞机及发动机类之外的租赁资产，每项租赁按照与租赁负债相等的金额，并根据预付租金进行必要调整计量使用权资产；Ⅱ对于飞机及发动机类租赁资产，假设自租赁开始日即采用新租赁准则，采用首次执行日的本集团作为承租方的增量借款利率作为折现率的账面价值计量使用权资产。

③ DFHK 公司按照使用权资产进行减值测试并进行相应的会计处理。对首次执行日之前租赁资产属于低价值资产的经营租赁或将于 12 个月内完成的经营租赁，采用简化处理，未确认使用权资产和租赁负债。

此外，对于首次执行日之前的经营租赁，采用了下列简化处理。

① 计量租赁负债时，具有相似特征的租赁可采用同一折现率；使用权资产的计量可不包含初始直接费用。

② 存在续租选择权或终止租赁选择权的，根据首次执行日前选择权的实际行使及其他最新情况确定租赁期。

③ 作为使用权资产减值测试的替代，评估包含租赁的合同在首次执行日前是否为亏损合同，并根据首次执行日前计入资产负债表的亏损准备金额调整使用权资产。

④ 首次执行日前的租赁变更，根据租赁变更的最终安排进行会计处理。

对于首次执行日前划分为经营租赁且在首次执行日后仍存续的转租赁，DFHK 公司作为转租出租人在首次执行日基于原租赁和转租赁的剩余合同期限和条款进行重新评估并做出分类。对于重分类为融资租赁的，将其作为一项新的融资租赁进行处理。除此之外，新租赁准则未对作为转租出租人的租赁进行调整。对于首次执行日前已存在的售后租回交易，企业在首次执行日不重新评估资产转让是否符合作为销售进行会计处理的规定。对于首次执行日前作为销售和经营租赁进行会计处理的售后租回交易，卖方（承租人）按照与存在的其他经营租赁相同的方法对租回进行会计处理，并根据首次执行日前计入资产负债表的相关递延收益或损失调整使用权资产。对于 2018 年财务报表中披露的重大经营租赁尚未支付的最低租赁付款额，DFHK 公司按 2019 年 1 月 1 日作为承租人的增量借款利率折现的现值与 2019 年 1 月 1 日计入资产负债表的租赁负债的差异调整如下。

2018 年 12 月 31 日重大经营租赁最低租赁付款额	37 278
减：采用简化处理的最低租赁付款额	207
其中：剩余租赁期少于 12 个月的租赁	206
剩余租赁期超过 12 个月的低价值资产租赁	1
加权平均增量借款利率	4.09%
2019 年 1 月 1 日经营租赁付款额现值	31 879
加：2018 年 12 月 31 日应付融资租赁款	77 427
2019 年 1 月 1 日租赁负债	109 306

而执行新租赁准则对 2019 年 1 月 1 日资产负债表项目的影响如表 9-4 所示。

表 9-4 执行新租赁准则对 2019 年 1 月 1 日资产负债表项目的影响

单位：百万元

合并资产负债表	报表数	假设按原准则	影响
预付账款	362	765	403
固定资产	81 259	175 675	94 416
使用权资产	126 925		126 925
递延所得税资产	677	207	470
资产合计	209 223	176 647	32 576
一年内到期的非流动资产	21 716	16 551	5 165
租赁负债	94 777		94 777
长期应付款	1 292	69 355	68 063
预计负债	6 415	2 761	3 654
递延收益	179	1 294	1 115
递延所得税负债		84	84
负债合计	124 379	90 045	34 334
未分配利润	14 586	16 181	1 595
少数股东权益	3 424	3 587	163
股东权益合计	18 010	19 768	1 758

此外，首次执行日开始，DFHK 公司将偿还租赁负债本金和利息所支付的现金，在现金流量表中计入筹资活动现金流出，支付的采用简化处理的短期租赁付款额和低价值资产租赁付款额仍然计入经营活动现金流出。

9.2.4 案例小结

会计估计变更一律采用未来适用法进行会计处理。该种方法是将变更后的会计政策应用于变更日及以后发生的交易或事项，对于变更前按照原有会计政策进行的会计处理，一概“既往不咎”。 在具体操作上，要求在变更日不调整原先的会计账簿记录和财务报表，从变更日开始按照变更后的会计政策进行会计处理。

第10章

GZHY集团的固定资产业务

10.1 GZHY集团的折旧政策

10.1.1 案例背景

GZHY企业集团股份有限公司（以下简称“GZHY集团”）是广州市重点能源总部企业，是广州开发区国有控股的上市公司，广东500强企业之一。其创建于1987年，1994年1月成为广州市首批上市公司之一，业务涉及发电、供热、新能源、金融、园区建设、新材料及节能环保等领域。目前，其参股、控股企业有20多家。历经30多年的发展，GZHY集团已成长为本区域主业突出、核心竞争力强、蓝图清晰、业绩优良、分红稳定的重要能源上市企业。多年来，GZHY集团为营造良好的经营环境和促进经济发展提供了重要的能源保障，为世界500强在内的众多企业提供了优质的能源服务，在全国同业务板块的上市企业中表现突出。

GZHY集团注重社会责任，精心打造“绿色能源”品牌，是国家级和省级环保工程示范单位，先后被授予“全国电力行业优秀企业”“广东省文明单位”“广东省诚信示范企业”“广东省节能减排先进单位”，连续10多年获得“环境信用评价绿牌企业”荣誉称号。

2019年7月23日，GZHY集团召开了第八届董事会第三十五次会议，审议通过了《关于公司及控股子公司GZHYDQRL有限公司（以下简称“DQRL公司”）调整固定资产折旧年限的议案》。根据《广东省发展改革委关于广州开发区东区2×460MW级“气代煤”热电冷联产项目核准的批复》（粤发改能电函（2018）1608号），在本项目投产后3个月内，GZHY集团需关停公司#6、#7机组及控股子公司DQRL公司5台供热锅炉。根据公司2×460MW级燃气机组项目的筹建、投产计划，DQRL公司5台供热锅炉关停时点在2020年年末，公司#6、#7机组关停时点为2023年6月末，其中大部分资产的使用寿命将缩短。

10.1.2 案例提示

按照《企业会计准则第 4 号——固定资产》的规定，固定资产使用寿命预计数与原先估计数有差异的，应当调整固定资产使用寿命。截至 2019 年 8 月末，上述资产净额为 7.02 亿元，其中需要调整折旧年限的资产净额为 6.64 亿元，主要是房屋建筑物及机器设备。为更加符合固定资产的实际使用状况，更加真实地反映公司的财务状况和经营成果，使公司财务会计信息更加客观和公允，从 2019 年 9 月 1 日起，GZHY 集团对这部分资产的折旧年限进行调整。我们基于 GZHY 集团对固定资产使用年限调整后的数据，来分析本次固定资产折旧年限的调整对公司经营状况产生的影响。本次案例对象 GZHY 集团调整折旧年限的资产有公司#6、#7 机组及控股子公司 DQRL 公司的 5 台供热锅炉，具体调整折旧年限的固定资产项目如图 10-1 所示。

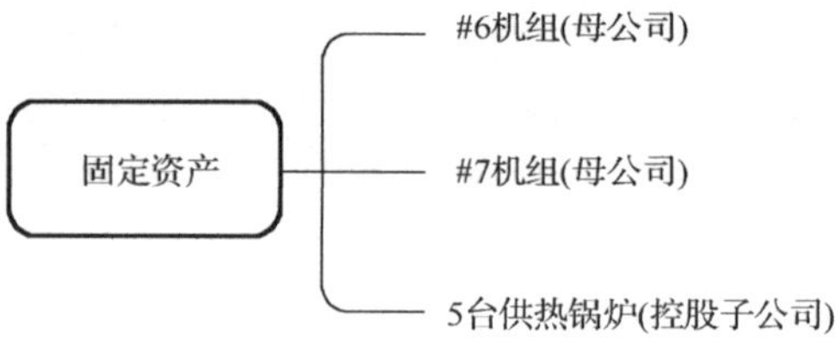

图 10-1 具体调整折旧年限的固定资产项目

为了更好地对比分析 GZHY 集团固定资产折旧年限调整前后折旧年限、年计提折旧额的变化，本节将案例对象固定资产折旧年限调整前后的变化情况进行列式，由于折旧年限调整所涉及的资产来自 GZHY 集团母公司及控股子公司，因此为了更好地进行对比，特将母公司与子公司固定资产折旧年限调整情况分别进行列式，具体如表 10-1 和表 10-2 所示。

GZHY 集团母公司固定资产折旧年限调整情况如表 10-1 所示。

表 10-1 GZHY 集团母公司固定资产折旧年限调整情况

资产类别	调整前剩余折旧年限/月	调整后剩余折旧年限/月
房屋建筑物	52～160	46
机器设备	54～297	46
合计		

从表 10-1 中可以看出，所涉及的房屋建筑物及机器设备在调整前剩余折旧年限为 52~297 个月，但是由于公司经营状况及项目运营状况所发生的变化，GZHY 集团出于财务报表公允可信的目标，对固定资产折旧年限进行调整，重新调整后，剩余折旧年限为 46 个月（本次调整生效时间为 2020 年 9 月 1 日）。

控股子公司 DQRL 公司固定资产折旧年限调整情况如表 10-2 所示。

表 10-2　控股子公司 DQRL 公司固定资产折旧年限调整情况

资产类别	调整前剩余折旧年限/月	调整后剩余折旧年限/月
房屋建筑物	74～148	16
机器设备	26～245	16
其他设备	18～135	16
合计		

根据表 10-2 可以看出，DQRL 公司固定资产折旧年限调整的固定资产有房屋建筑物、机器设备及其他设备。在折旧年限调整前，固定资产剩余折旧年限为 18～245 个月，为使公司的会计估计及会计政策能够真实地反映公司的经营状况及使公司的财务报表公允可信，DQRL 公司选择对本公司内部的固定资产的剩余折旧年限进行调整，经调整后固定资产剩余年限为 16 个月。

从表 10-1 和表 10-2 可以看出，无论是 GZHY 集团母公司还是控股子公司 DQRL 公司，固定资产折旧年限调整后与原来相比年限均大幅缩减，因此为了更好地分析会计估计变更对 GZHY 集团整体所产生的影响，将在下一部分着重展开，公司调整固定资产折旧年限这一事项对案例对象 GZHY 集团财务报表影响的分析。

10.1.3　案例分析

企业按照《企业会计准则》相关规定做出的合理调整，符合国家相关法规及规则的要求，符合公司的实际情况，不存在损害股东权益的情形，调整后能够更真实地反映公司的财务状况和经营成果，使财务会计信息更加客观和公允。这样做也保证了会计信息的真实性和有效性，给财务报告使用者提供了更加准确、可靠的参考信息。

固定资产折旧年限的调整属于企业会计估计变更事项，针对本案例来讲，固定资产折旧年限的调整除增加了公司计提的年折旧额之外，还对集团整体及母公司的净利润和所有者权益产生影响，因此本节将基于固定资产折旧年限的调整、年计提折旧额的增加，分析其对母公司净利润和所有者权益变动的影响，具体固定资产折旧年限调整对母公司的影响分析如图 10-2 所示。

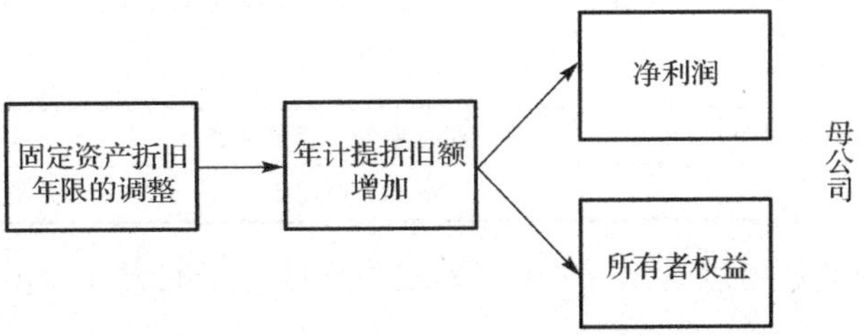

图 10-2　具体固定资产折旧年限调整对母公司的影响分析

《企业会计准则第 28 号——会计政策、会计估计变更和差错更正》规定，本次固定资产折旧年限的调整属于会计估计变更，应当采用未来适用法[①]进行处理，不进行追溯调整，不对以往年度的财务状况和经营成果产生影响。GZHY 集团进行会计估计变更的动机已在案例背景部分进行了详细阐述。经测算（未经审计），本次固定资产折旧年限的调整对公司财务影响体现为以下几点。

1. 固定资产折旧

固定资产折旧额预计 2019 年增加约 0.4 亿元，预计 2020 年增加约 1.21 亿元，预计 2021 年增加约 0.74 亿元，预计 2022 年增加约 0.37 亿元，调整后固定资产折旧额变化趋势图如图 10-3 所示。

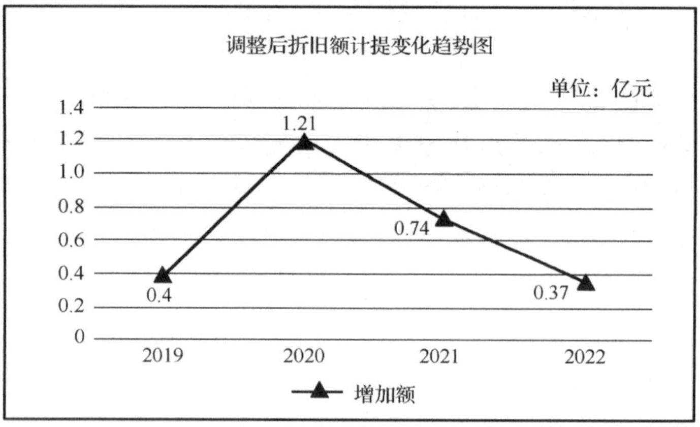

图 10-3　调整后固定资产折旧额变化趋势图

根据图 10-3 可以看出，案例对象 GZHY 集团在对固定资产折旧计提年限做出调整后由 2019 年的计提折旧增加额的 0.4 亿元增加到 2020 年的 1.21 亿元，随后在 2021 年和 2022 年计提折旧增加额呈现出下降趋势。由此可以看出，本次案例对象的会计估计变更对公司的影响除在 2020 年显著增强以外，在 2021 年和 2022 年均呈现出逐渐减弱的趋势，再结合 2019 年第四季度季报分析第四季度计提折旧增加额与营业利润发生额的占比关系，具体如表 10-3 所示。

表 10-3　具体 2019 年第四季度计提折旧增加额与营业利润发生额情况

单位：元

	计提折旧增加额	营业利润发生额（第四季度）	比例
2019	40 000 000	189 017 131.95	21%

根据表 10-3 的数据可以看出 2019 年第四季度计提折旧增加额占营业利润发生额的

① 未来适用法是指将变更后的会计政策应用于变更日及以后发生的交易或者事项，或者在会计估计变更当期和未来期间确认会计估计变更影响数的方法。本案例在 2019 年变更会计政策，采用未来适用法，因此数据均为预计数据。

21%，由此可以看出 GZHY 集团本次会计估计变更，调整固定资产的折旧年限对公司营业利润发生额产生了一定程度的影响，但是从整体来看，本次固定资产折旧年限的调整并未对公司营业利润造成较深的负面影响。下面对本次涉及折旧年限调整的固定资产折旧年限的调整情况进行说明，具体折旧变化情况如表 10-4 所示。

表 10-4　具体折旧变化情况

单位：万元

资产类别	调整折旧年限前月折旧额			调整折旧年限后月折旧额			调整后月折旧增加额
	#6、#7 机组固定资产	5 台供热锅炉固定资产	合计	#6、#7 机组固定资产	5 台供热锅炉固定资产	合计	
房屋建筑物	30.91	18.64	49.55	63.18	110.87	174.05	124.5
机器设备	444.14	75.8	519.94	1 028.40	368.19	1 396.59	876.65
其他设备	0	4.09	4.09	0	10.78	10.78	6.69
合计	475.05	98.53	573.58	1 091.58	489.84	1 581.42	1 007.84

根据表 10-4 可以看出，固定资产经调整后的月折旧增加额为 1 007.84 万元，其中，机器设备月折旧增加额数额最大为 876.65 万元，由此可见，机器设备折旧年限的调整相较于房屋建筑物和其他设备，对公司的营业利润产生的影响最大。下面将分析本次会计估计变更对母公司 GZHY 企业集团股份有限公司净利润的影响。

2. 归属于母公司净利润

根据对 GZHY 集团股份有限公司 2019 年财务报表有关数据的查询和计算，2019 年 GZHY 集团股份有限公司归属于母公司的净利润将减少约 0.4 亿元，预计 2020 年将减少约 1.21 亿元，预计 2021 年减少约 0.74 亿元，预计 2022 年减少约 0.37 亿元，调整后净利润变化趋势图如图 10-4 所示。

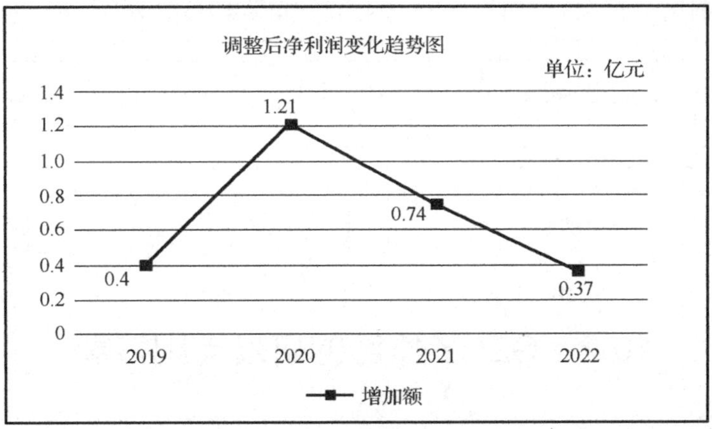

图 10-4　调整后净利润变化趋势图

根据图 10-4 和表 10-4 的数据可以看出，调整后折旧额的变化额度和变化趋势与对母公司净利润影响变化趋势保持一致，由此可以看出，案例对象 GZHY 集团整体经营状况稳定，会计估计变更并未对公司经营状况造成过多的负面影响，公司整体处于健康的运营状态。下面将对会计估计变更对母公司所有者权益变动的影响进行分析和说明。

3. 归属于母公司所有者权益

根据对案例对象 2019 年年报相关数据的查询和预测，发现公司 2019 年预计归属于母公司所有者权益减少约 0.4 亿元，预计 2020 年减少约 1.21 亿元，预计 2021 减少约 0.74 亿元，预计 2022 年减少约 0.37 亿元。根据本部分前述内容可以发现，计提折旧增加额、经调整的净利润减少额与母公司经调整的股东权益变动额测算与预测部分相对应，由此可以看出，案例对象在会计估计变更后，由于年折旧计提额度的增加并未导致公司的净利润出现大幅度下滑的状况。

从审计角度和企业内部控制的角度上来看，案例对象 GZHY 集团本次会计估计变更，调整母公司及控股子公司 DQRL 公司固定资产折旧年限是根据公司#6、#7 机组及控股子公司 DQRL 公司供热锅炉的机组关停计划，按照《企业会计准则》相关规定做出的合理调整，更加符合资产的实际使用状况，更加真实地反映了企业的真实经营成果，使公司财务信息更加客观和公允。

10.1.4 案例小结

固定资产折旧年限变更属于会计估计变更。及时变更有利于更加准确地估计企业的资产使用情况，在财务报表中及时披露也有利于会计信息使用者做出恰当的判断。本案例分析的主线围绕企业固定资产折旧年限的调整，从而增加了固定资产的年计提折旧额，进而对公司的净利润产生影响，最后在财务报表上体现为对公司所有者权益的影响，具体会计估计变更影响路径如图 10-5 所示。

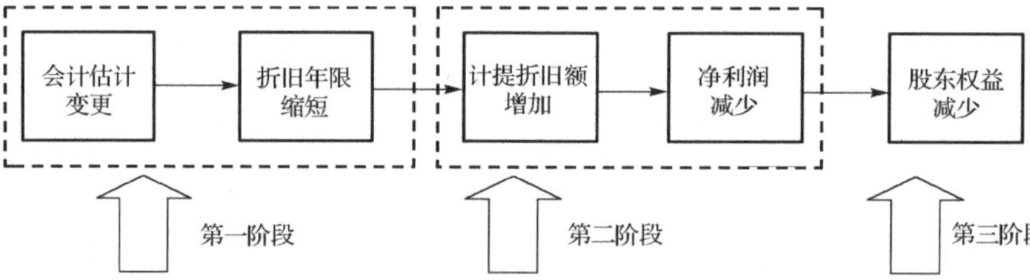

图 10-5 具体会计估计变更影响路径

10.2 GZHY 集团的研发支出核算

10.2.1 案例背景

广州经济技术开发区是中国经济改革和发展先行先试的重要前沿阵地之一，

GZHY 集团是广州开发区直属的一家以发电为主业的大型国有控股企业，也是广州市第一批上市公司。自创立以来经过多年的艰苦奋斗，GZHY 集团的各项事业取得长足的进步，目前航运集团拥有 102 万千瓦的发电桩机容量，以及广州 HYRL 有限公司、GZZQ 有限公司、GZJZ 房地产开发有限公司等多家控股参股企业，其电力主业年发电能力为 80 亿千瓦时，年产值约 30 亿元。企业牢牢把握社会经济的发展趋势，紧紧抓住每一个发展机遇，从生产经营改革发展各方面出发推行了一系列行之有效的措施，全面增强了企业的核心竞争力，取得了显著的成效，开创了企业发展的新局面。

GZHY 集团注重社会责任，精心打造“绿色能源”品牌，是国家和省级环保工程示范单位，先后被授予“全国电力行业优秀企业”“广东省文明单位”“广东省诚信示范企业”“广东省节能减排先进单位”，连续 10 多年获得“环境信用评价绿牌企业”荣誉称号。为响应国家促进企业科技转型，走自主创新、持续创新的发展道路号召，公司积极推行技术革新，以实现节能降耗、提高经济效益的目的。

10.2.2 案例提示

研发支出是指在研究与开发过程中所使用资产的折旧、消耗的原材料、直接参与开发人员的工资及福利费、开发过程中发生的租金及借款费用等。从企业的角度来说，研发支出就是企业内部研究开发项目的支出。根据《企业会计准则第 6 号——无形资产》的规定，企业内部研究开发项目的支出，应当区分研究阶段支出与开发阶段支出。研究是指为获得并理解新的科学或技术知识而进行的独创性的有计划调查。开发是指在进行商业性生产或使用前，将研究成果或其他知识用于某项计划或设计，以生产出新的或具有实质性改进的材料、装置、产品等。

2019 年，GZHY 集团开展了 13 个项目研发，当年 11 个项目已完成，还有两个项目正积极推进。2019 年报告期内，GZHY 集团发生研发支出 3 014.21 万元，主要是研发材料支出、生产研发人员的薪酬开支及研发设备的折旧等。2020 年上半年报告期内，GZHY 集团发生研发支出 915.38 万元，同比增长 100%，主要是 2019 年同期研发项目未最终确定导致无法确认为无形资产。

10.2.3 案例分析

本小节主要针对案例对象 GZHY 集团研发支出进行分析，根据案例背景，主要针对 2019 年至 2020 年两个会计核算年度的研发支出进行分析。2019 年及 2020 年研发支出如表 10-5 所示。

根据表 10-5 的数据可以看出，2019 年的管理费用为 148 236 597.96 万元，相较于 2020 年的 140 971 173.61 元，增幅为 5.15%，结合案例背景进行分析可以发现，2019 年 GZHY 集团在研发领域上大幅投入的原因是 2019 年公司开展了 13 个项目研发，当年 11 个项目已完成，还有两个项目正积极推进。2019 年报告期内，GZHY 集团发生研发费用 30 142 104.55 元，主要是研发材料支出、生产研发人员的薪酬开支及研发设备的折旧等，根据《企业会计准则》可知，企业在一个会计年度内的研发费用支出在年度期间应计入研发支出费用化支出或资本化支出，待到年底根据《企业会计准则》的规定，对研发费用支出进行归集，满足无形资产确认条件的确认为无形资产，不满足无形资产确认条件的转入管理费用。从表 10-5 的数据可以看出，2019 年管理费用相较于 2020 年相比增幅为 5.15%，可以很好地体现出案例对象在 13 个项目研发中的研发投入情况，此外，根据查询公司年报发现，公司计提的管理费用数额增加的深层次原因在于公司通过研发投入所形成的资产暂时不满足无形资产的确认条件，无形资产的确认条件如图 10-6 所示。

表 10-5　2019 年及 2020 年研发支出

单位：元

	2019	2020	同比增减
销售费用	24 942 235.22	21 484 418.79	16.09%
管理费用	148 236 597.96	140 971 173.61	5.15%
财务费用	166 662 400.95	199 775 698.10	−16.58%
研发费用	30 142 104.55	0	100%

数据来源：GZHY 集团年报。

案例对象 GZHY 集团从保证公司财务报表能够真实地反映企业的经营状况的角度出发，将未能满足无形资产确认条件的项目研发费用转入管理费用，因此 2019 年的管理费用数额相较于 2020 年增长了 5.15%。再看研发费用数额，2019 年为 30 142 104.55 元，然而 2020 年的研发费用数额为 0，由此也可以看出由于公司投入项目研发，使公司的管理费用数额和研发费用数额出现增长。

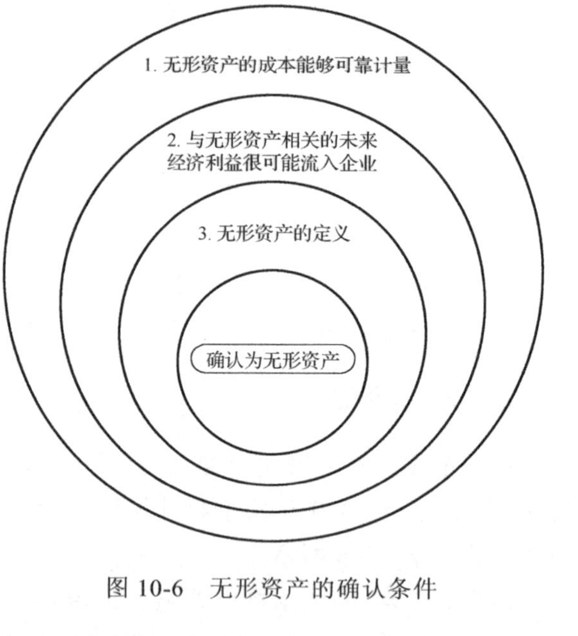

图 10-6　无形资产的确认条件

对于 2019 年案例对象 GZHY 集团研发支出情况已经进行了详细的分析和说明，下面将从 GZHY 集团 2020 年年报入手，分析说明公司 2020 年的研发费用支出状况。案例对象 GZHY 集团研发费用支出情况如表 10-6 所示。

表 10-6　GZHY 集团研发费用支出情况

单位：元

	2019 年半年报	2019 年年报	2020 年半年报	半年报变动幅度
管理费用	66 701 253.29	148 236 597.96	68 590 866.47	3%
研发费用	0	30 142 104.55	9 153 796.51	100%

根据表 10-6 的数据，2020 年半年报中，管理费用为 68 590 866.47 元，相较于 2019 年同期增长幅度为 3%。通过查询年报分析发现，管理费用数额增长的原因在于案例对象 GZHY 集团运费、销售代理费同比下降，使销售费用减少、融资利率同比下降、财务费用减少。从研发费用的数额来看，2020 年半年报中的研发费用金额为 9 153 796.51 元，相较 2019 年同期增长 100%，通过查询公司年报并分析发现，案例对象研发费用增多的原因主要是 2019 年同期研发项目未最终确定导致无法归集研发相关费用。

10.2.4　案例小结

本案例从会计估计变更及研发支出这两个热点问题出发，以 GZHY 集团作为依托研究固定资产折旧年限变更对公司的影响及研发支出费用情况，可以看出以下两点。

第一，案例对象 GZHY 集团固定资产折旧年限变更这一事项，使固定资产折旧年限变短，使年折旧额出现了明显的增加，对公司的利润造成了一定的影响，使公司所有者权益减少，但此次调整使报表能够更加客观、真实地反映企业的真实经营状况，本部分的影响路径图已经在前述部分进行了展示。

第二，研发支出在发生时计入费用化支出，可以确认为无形资产的计入资本化支出，案例对象 GZHY 集团 2020 年半年报管理费用增多的主要原因是公司投入研发的项目暂时不满足无形资产的确认条件，因此作为管理费用进行核算，研发费用增多主要是由 2019 年度暂未归集的与研发相关的费用所致。

第三部分　拓展阅读篇

第 11 章

A 公司资金核算案例

11.1 案 例 背 景

A 公司是一家制造业企业，也是一家上市公司，财务制度较为规范。李某是 A 公司营销部财务科的一名普通职员。A 公司于 2016 年 9 月发布公告称公司财务科一员工李某涉嫌挪用资金，并已移交司法机关处理。

李某自大学毕业起一直在 A 公司工作，是一名具有 17 年工龄的老员工，且李某在公司的岗位和职务多年未曾变化。而因为人事改革，他要调离营销部财务科岗位了。他在分次从银行提取了几百万元之后，于 2016 年 9 月 10 日晚仓皇驾车潜逃。而事实上，李某挪用的资金绝不仅几百万元，他在营销部财务科工作期间，连续 7 年共挪用资金 5000 多万元，用于开公司及个人投资，但已经损失了 4000 万元，这些损失的款项都已经难以追回。

据媒体报道，这是 A 公司成立近 30 年来涉案金额最大的经济案件。A 公司作为老牌上市公司，有着较为健全的企业管理制度和严格的财务制度，如每年要组织财务大检查，以及定期聘请会计师事务所对下属公司进行审计，公司内部审计及经理离任审计也一直在进行。而且，A 公司每年的财务报表还要聘请知名会计师事务所进行审计。李某作为一名普通职员，是如何做到将公司数千万元资金挪为己用，并在长达 7 年的时间内没有被发现呢？

A 公司营销部资金往来款年均流量为数十亿元，往来单位中有不少客户在付款时采用的是银行承兑汇票的方式。A 公司对于银行承兑汇票的操作流程具体如下：当营销部工作人员收到银行承兑汇票后，在营销部的登记簿上登记收到的汇票号码、金额等详细信息，再将汇票转交给财务科，并由会计在营销部的登记簿上签字，以明确双方的票据交接手续。会计在收到票据后，将票据信息录入财务 ERP 系统，并更新财务账。票据实物存放于公司开在基本存款户银行的保管箱内，会计会把收到的银行承兑汇票放入信封，并将汇票详细情况记载在信封上，在信封上加盖印鉴封装起来。银行工作人员每天会在快下班时上门收取封存汇票的信封并登记签收。若 A 公司要使用已收到的承兑汇票对外进行付款，则需要从银行保管箱内取回承兑汇票，加盖印鉴背书转让给付款单位。每月月末，银行会提供所保管的银行承兑汇票清单给 A 公司进行核对。

李某是营销部负责收取货款和审核销货提单的会计，在同一个岗位工作的时间长了，他就从中发现了一些可以钻空子的地方。李某作案的主要对象是公司收到的银行承兑汇票，具体分为两种方法。

其一是挪用 A 公司银行承兑汇票并以此为质押物，通过自己或朋友开的私人公司向金融机构办理质押贷款，等银行承兑汇票快要到期了，就挪用另一份新的银行承兑汇票将原有快到期的汇票替换出来。之所以能够这样做，是因为李某发现 A 公司在每次将汇票实物放在信封里交给银行工作人员以存放到银行保险箱时，银行的工作人员并不会打开信封核对里面银行承兑汇票的具体数量与金额，而只是记载密封后的信封封面上的数量与金额。于是，李某便将一部分银行承兑汇票私下里留存下来，虽然他在交给银行保险箱的信封上记录了这部分银行承兑汇票，即银行承兑汇票账实不符，但是银行却误认为银行承兑汇票已如数装在信封里。李某将留存在手中的银行承兑汇票办理质押贷款，得到的资金被李某拿来买卖股票、期货等。由于 A 公司往来资金的周转量大，A 公司账面上始终有一大笔银行承兑汇票，因此李某能常年占用 A 公司的银行承兑汇票而未被发现。而在 A 公司对账或是审计的时候，都只是将 A 公司银行承兑汇票的账面数与银行提供的代保管汇票数进行核对，因此李某占用 A 公司银行承兑汇票的行为就一直没有被发现。

其二是直接盗用被背书人空白的银行承兑汇票。李某发现，A 公司的银行承兑汇票中有很多银行承兑汇票是由往来单位背书转让给 A 公司的，但转让方在背书时经常不填写被背书人，即 A 公司的名称，而是保持空白，李某便将这些汇票拿到自己或朋友开的私人公司入账，并且在 A 公司财务账上，将这些银行承兑汇票做退票处理，在 ERP 系统里将这些汇票进行冲销。当然，李某的行为其实也不是完全没有任何痕迹的，如李某的会计主管曾经发现 A 公司账上有大量汇票退回现象，并特意向李某询问原因，李某解释说是客户汇票不符合要求，所以退回去了。会计主管轻信了李某的解释，还认为李某常年在这一岗位工作，有经验，工作认真负责，对汇票严格把关。所以，会计主管没有对这种大量银行承兑汇票退票的原因深究下去，也就失去了一个及早发现李某舞弊行为的机会。从理论上来讲，如果 A 公司能严格对账，李某这种擅自冲减客户往来账的行为是完全能够被查出来的，可遗憾的是，A 公司在与往来单位对账时，会主动核对期末账面余额为借方的应收账款，却忽视期末账面余额为贷方的预收账款，认为只要往来单位不欠自己的钱就行，并不去与其核对往来账。作为一家资金规模巨大的上市公司，A 公司账面上一直保持金额较大的预收账款，李某在工作中发现了这一制度上的缺陷，从中贪污舞弊，在长时期内作案而未曾被发现。

11.2 案例思考

（1）为什么在众多的票据当中，李某会盯上银行承兑汇票？A 公司的银行承兑汇票管理存在什么问题？

（2）如何理解“内部控制”这一会计术语？除银行承兑汇票的管理存在问题外，A 公司的内部控制还存在什么问题？应该如何改进？

（3）从会计要素的角度来看，该案例的舞弊主要涉及哪些会计要素？如果你是财务主管，若要从提高财务报告信息质量的角度反舞弊，则这个案例给予你哪些启示？

11.3 知识点提示

银行汇票是指由出票银行签发的，由其在见票时按照实际结算金额无条件支付给收款人或持票人的票据。银行汇票的出票银行为银行汇票的付款人。企业与异地单位和个人的各种款项结算均可使用银行汇票。银行汇票可以用于转账，填明“现金”字样的银行汇票也可以用于支取现金，其中现金银行汇票的申请人与收款人必须均为个人。银行汇票的提示付款期限为自出票日起 1 个月。持票人超过付款期限提示付款的，代理付款人不予受理。

收款人受理申请人交付的银行汇票时，应在出票金额以内，根据实际需要的款项办理结算，并将实际结算金额和多余金额准确、清晰地填入银行汇票和解讫通知的有关栏内。未填明实际结算金额和多余金额或实际结算金额超过出票金额的，银行不予受理。银行汇票的实际结算金额不得更改，更改实际结算金额的银行汇票无效。银行汇票的实际结算金额低于出票金额的，其多余金额由出票银行退交申请人。

银行汇票可以背书转让给被背书人。银行汇票的背书转让以不超过出票金额的实际结算金额为准。未填写实际结算金额或实际结算金额超过出票金额的银行汇票不得背书转让。

申请人因银行汇票超过提示付款期限或其他原因要求退款时，应将银行汇票和解讫通知同时提交给出票银行。申请人缺少解讫通知要求退款的，出票银行应于银行汇票提示付款期满 1 个月后办理。银行汇票丢失后，失票人可以凭中华人民共和国人民法院出具的其享有票据权利的证明，向出票银行请求付款或退款。

11.4 案例分析

（1）为什么在众多的票据当中，李某会盯上银行承兑汇票？A 公司的银行承兑汇票管理存在什么问题？

本案例中，李某是利用银行承兑汇票内部控制缺陷得以挪用上千万元资金的。在实务中，由于害怕被背书人名称填写有误导致退票，汇票背书转让时不填写被背书人名称的现象非常普遍。在这种情况下，经手承兑汇票的人不需要公司本身印鉴，随便找个公司就可以将汇票挪用套现，且在公司账上不会留下任何痕迹。此外，被背书人名称未填的承兑汇票在遗失时很容易被人冒用。因此，汇票背书转让时不填写被背书人名称，会给汇票转让方和接收方带来巨大风险，公司无论是转让还是接收汇票都应当将背书要素填写齐全。

对于承兑汇票实物的控制，应将其视同现金和有价证券，严加管理，并进行定期和不定期实物盘点。对于承兑汇票的流转，要有完善的记录来反映流转轨迹，尤其是对不合格汇票的退票，要进行登记并说明原因，并有两名或两名以上的人参与确认。从银行的角度来讲，月底清查时，要将实物与账面金额核对一致。

（2）如何理解“内部控制”这一会计术语？除银行承兑汇票的管理存在问题外，A 公司的内部控制还存在什么问题？应该如何改进？

内部控制是一个单位为了实现其经营目标，保护资产的安全完整，保证会计信息资料的正确可靠，确保经营方针的贯彻执行，保证经营活动的经济性、效率性和效果性而在单位内部采取的自我调整、约束、规划、评价和控制的一系列方法、手段与措施的总称。

企业建立与实施有效的内部控制，应当包括下列要素。

① 内部环境。内部环境是企业实施内部控制的基础，一般包括治理结构、机构设置及权责分配、人力资源政策、企业文化等。

② 风险评估。风险评估是指企业及时识别、系统分析经营活动中与实现内部控制目标相关的风险，合理确定风险应对策略。

③ 控制活动。控制活动是指企业根据风险评估结果，采用相应的控制措施，将风险控制在可承受范围内。

④ 信息与沟通。信息与沟通是指企业及时、准确地收集、传递与内部控制相关的信息，确保企业内部、企业与外部之间进行有效沟通。

⑤ 内部监督。内部监督是指企业对内部控制的建立与实施情况进行监督检查，评价内部控制的有效性，如发现内部控制存在缺陷，应当及时加以改进。

A 公司应结合企业特点，评估风险，注重对关键控制点的控制。例如，A 公司营销部每年的资金往来达数十亿元，应该对往来资金账户（应收、应付、预收、预付）严加控制。此外，为保障货币资金这一特殊性的资产，有必要对与货币资金业务相关的财务岗位建立强制轮换和带薪休假制度。

（3）从会计要素的角度来看，该案例的舞弊主要涉及哪些会计要素？如果你是财务主管，若要从提高财务报告信息质量的角度反舞弊，则这个案例给予你哪些启示？

该案例主要是侵占资产，导致高估资产，以及注销预收账款，导致低估负债，从而使公司的财务报告信息失真。无论是企业管理人员还是审计师，都要着重关注高估资产和低估负债的风险。为此，企业对有形的实物资产（如现金、有价证券和存货等），要通过定期和不定期盘点来核实其存在性和完整性。对不具实物形态的资产（如银行存款、应收账款等）和负债，则应通过定期询问、函证和对账等方式验证查实。以银行函证为例，只要发生过业务的银行，都应进行函证，函证时不仅要询问存款余额，还要核实有无未入账贷款、有无为他人提供担保等现象。在 A 公司的案例中，事实上 A 公司资产负债表的应收票据被高估、预收账款被低估了，如果企业管理人员和审计师能对银行承兑汇票实物进行验证，或者与客户认真对账，李某的舞弊行为就不至于在 7 年多的时间里都未被发现。

11.5 案例小结

（1）企业的票据管理制度要加强，对每一个细节都不能放过，尤其是对票据实物的核查。开户银行要加强与客户单位的对账，对账不能局限于金额，还要对票据实物进行核对。

（2）加强财务人员的轮休，这一制度能提高财务人员的忠诚度和工作效率，更重要的是能在一定程度上防止财务人员运用职务之便进行舞弊。

（3）该案例的舞弊主要涉及的会计要素包括资产、负债、收入、所有者权益。

第12章

HDWY公司的应交税费案例

12.1 案例背景

某税务稽查组前往某生产电子配件的HDWY公司（个人投资，一般纳税人）进行例行检查，检查前的案头分析发现，HDWY公司的增值税和企业所得税与上一年度相比均明显偏低。因此，查明增值税和企业所得税偏低的原因成为稽查组最重要的任务。稽查组首先对主要材料、辅助材料及包装物的账面核算和进项税申报抵扣情况进行了详细检查，均未发现异常。

在对主要料、工、费进行配比分析后，发现费用明显比上一年度的偏高，仔细检查发现，其主要是由于管理费用大幅增加，而管理费用增加的原因是耗费了大量的周转材料。于是，检查人员又对周转材料进行了仔细检查，发现不仅在管理费用中列支了大量的周转材料，而且在生产成本中也列支了大量的周转材料，但周转材料的购进、领用及进项税抵扣均手续齐备，未见异常。

稽查组在对HDWY公司被检查年度及上一年度耗费的周转材料进行分类和对比分析后发现：周转材料耗费的增加主要从被检查年度的5月份开始，而且5、6两个月以在管理费用中列支办公设备和家具用具为主，同时6月份起还在生产成本中列支车间使用的包装物和不符合固定资产标准的低值易耗品。稽查组还发现，HDWY公司的办公环境根本不像一年前刚装潢的，家具用具也不像一年前刚购置的。另外，从6月份起耗费大量的包装物和低值易耗品也不符合HDWY公司处于正常生产经营状态的情形，而且一些容器、器皿等低值易耗品的耗费与生产电子配件的特征不符。

于是，稽查组开始怀疑耗用大量周转材料的真实性，提出要查看周转材料的备查登记簿，但HDWY公司推说没有建备查登记簿，稽查组又要求盘点已领用的周转材料，HDWY公司只好答应。但是，盘点结果不是杳无踪影，就是说不清道不明。稽查组又发现，凡是无法查明的周转材料，在购进发票上签“经办”的两人都未配合盘点，稽查组要求这两位经办人到场解释，至此，HDWY公司才不得不承认了真实情况。

12.2 案例思考

（1）HDWY公司具体是通过何种手段降低应交税费的？

（2）从本案例中总结分析对应交税费金额的合理性判断，应从哪些方面入手？

12.3 知识点提示

（1）周转材料是企业能够多次使用或逐渐转移其价值，但仍保持原有形态的不符合固定资产的各种材料，主要包括包装物和低值易耗品。包装物是指为了包装本企业产品而储备的各种包装容器，如桶、箱和瓶等，其主要作用是盛装、装潢产品；低值易耗品是指在使用过程中基本保持其原有实物形态不变但单位价值相对较低、使用期限相对较短，或在使用过程中容易损坏，因而不能确认为固定资产的各种用具物品，如工具、管理用具、玻璃器皿、劳动保护用品，以及在经营过程中周转使用的包装容器等。

企业领用的周转材料分布于生产经营的各个环节，具体用途不同，会计处理也不尽相同。①生产部门领用的周转材料，构成产品实体一部分的，其账面价值应直接计入产品生产成本；属于车间一般性物料消耗的，其账面价值应计入制造费用。②销售部门领用的周转材料，随同商品出售但不单独计价的，其账面价值应计入销售费用；随同商品出售并单独计价的，应视为材料销售，将取得的收入作为其他业务收入，相应的周转材料账面价值计入其他业务成本。③用于出租的周转材料，收取的租金应作为其他业务收入并计算缴纳增值税，相应的周转材料账面价值应计入其他业务成本；用于出借的周转材料，其账面价值应计入销售费用。④管理部门领用的周转材料，其账面价值应计入管理费用。

（2）企业一般应设置“周转材料”科目，核算各种周转材料的实际成本或计划成本，也可以单独设置“包装物”“低值易耗品”科目，分别核算企业的包装物和低值易耗品。企业应根据周转材料的消耗方式、价值大小、耐用程度等，选择适当的摊销方法，将其账面价值一次或分次计入有关成本费用。

12.4 案例分析

（1）HDWY公司降低应交税费的具体手段如下。

HDWY公司的唯一投资人在被检查年度6月份又投资成立了一个生产化工原料的B公司（小规模纳税人，增值税和所得税均定率征收），B公司的两名经办人按照投资人的指示，将为B公司购进周转材料的大多数发票开具了HDWY公司的名称并在 HDWY 公司列支，这样 HDWY 公司不仅抵扣了增值税进项税额，而且还降低了计税所得额。

（2）对应交税费金额的合理性判断可从以下方面入手。

① 公司整体的资产、负债、所有者权益、收入、费用、利润与以往年度的差异及与同行业企业的差异。

② 与关联企业的交易、来往；与关联方个人的经济交易等。

12.5 案例小结

“周转材料”科目核算的正确性不仅影响周转材料及企业成本、费用核算的正确性，而且还影响增值税进项税额和企业所得税的正确性。

不同企业的会计舞弊有不同的意图。如果是中小型企业，会计舞弊的审查可以从应交税费着手。本案例中，HDWY 公司做假账的目的是想少纳税款。作为会计人员要有向企业偷漏税行为说“不”的职业道德。

第13章

MBFS服饰或有事项的会计处理案例

13.1 案例背景

MBFS服饰创建于2002年，主要经营休闲服饰，逐渐开拓儿童服装领域，其代表品牌是B童装品牌和M服饰品牌。M服饰品牌创立于20世纪90年代中期，定位是年轻、时尚，产品多为高质量的休闲服装。经过多年的努力，M服饰品牌在全国各地的连锁店达到4000余家，被评为“中国品牌”“中国驰名商标”，获“中国服装竞争力十大品牌奖”，M服饰品牌知名度及市场规模位列中国休闲服装前列。B童装品牌创立于2000年年初，倡导专业、时尚、充满活力，其消费群体多为14周岁前的儿童，经过多年经营，获得“中国著名品牌”“中国十大童装品牌”等荣誉。B童装品牌全国门店达3000余家，相比于国内市场的其他童装品牌，B童装品牌已经具有一定的影响力。

伴随着市场全球化和互联网技术，特别是移动互联网技术和创新商业模式的迅速发展，传统的服装零售业迎来了前所未有的机遇与挑战。以网络购物为主的电子商务渠道的产生与发展，给以店面式为主的销售模式带来了强烈的冲击。2018年，MBFS服饰持续推进阿米巴经营模式，优化组织机构和工作流程，加强内部审计，完善内控机制，积极加强管理，关闭不盈利的店铺，增加研发投入，提升供应链系统，提高产品质量，加强对代理商的合作服务，扩大业务范围及规模，实现了管理水平、竞争能力、经营业绩的全面提升。

但是，受市场竞争等外部环境的影响，MBFS服饰在生产经营活动中会面临一些具有较大不确定性的经济事项，这些具有不确定性的或有事项可能会对企业的财务状况和经营成果产生较大影响。2021年发生的或有事项具体资料如下。

或有事项一：2021年10月，MBFS服饰因为合同违约被甲公司起诉，截至2021年12月31日，法院尚未对该诉讼进行审理。根据律师的估计，MBFS服饰很可能会败诉。根据相关法律规定，估计赔偿的金额为50万～70万元，其中包括MBFS服饰应承担的诉讼费用5万元。

或有事项二：2021年1月，MBFS服饰与乙公司签订了债务担保协议，为乙公司向银行贷款做担保。2021 年 11 月，由于乙公司到期无法偿还该贷款被银行起诉，MBFS 服饰因债务担保协议而成为该诉讼的第二被告。截至 2021 年 12 月 31 日，该诉讼尚未判决。根据律师的估计，由于乙公司经营困难，MBFS 服饰很可能要承担连带责任，承担还款责任 100 万元的可能性为 70%，承担还款责任 60 万元的可能性为 30%。

或有事项三：MBFS 服饰 2021 年销售 a 产品的收入共计 200 万元，MBFS 服饰根据惯例为 a 产品提供一年的质量保证。质量保证条款规定，a 产品出售后一年内如果发生正常质量问题，MBFS 服饰提供免费修理。根据以往的销售经验，如果产品发生较小的质量问题，发生的修理费用为销售额的 1%；如果产品发生较大的质量问题，发生的修理费用为销售额的 3%。MBFS 服饰预测，2021 年销售的 a 产品中有 90% 不会发生质量问题，有 8%将发生较小的质量问题，有 2%将发生较大的质量问题。

或有事项四：MBFS 服饰于 2021 年 9 月 1 日与丙公司签订了一批 b 产品的销售合同，双方约定 MBFS 服饰须在 2022 年 4 月 30 日向丙公司销售 100 件 b 产品，合同单价为每件 1 600 元，MBFS 服饰签订合同时，估计 b 产品的单位成本为每件 1 200 元，该合同同时规定，如果 MBFS 服饰 2022 年 4 月 30 日未能按期交货，需向丙公司支付未按期交货部分合同价款的 20%作为违约金。2021 年 12 月 31 日，由于生产 b 产品的原材料价格突然大幅上涨，预计生产 b 产品的单位成本会上升至每件 1700 元。

事项五：2021 年 3 月，MBFS 服饰与丁公司签订了债务担保协议，为丁公司向银行贷款做担保。截至 2021 年 12 月，丁公司经营情况良好，没有迹象表明丁公司到期无法偿还该贷款。

13.2 案例思考

（1）请分析 MBFS 服饰 2021 年发生的或有事项在会计上应分别做何处理？

（2）预计负债会对 MBFS 服饰的所得税产生影响吗？请举例说明。

13.3 知识点提示

《企业会计准则第 13 号——或有事项》规定，或有事项是指由过去的交易或者事项形成的，其结果须由某些未来事项的发生或不发生才能决定的不确定事项。常见的或有事项主要包括未决诉讼或未决仲裁、债务担保、产品质量保证、承诺、亏损合同、重组义务、环境污染整治等。

与企业其他的业务和事项相比，或有事项具有以下三个特征。一是或有事项由过去的交易或事项形成。二是或有事项的结果具有不确定性，具体表现为两层含义：或有事项的结果是否发生具有不确定性；或有事项的结果预计将发生，但是发生的具体时间或金额具有不确定性。三是或有事项的结果须由未来事项的发生或不发生来决定。

或有事项的结果可能会产生一项预计负债、或有负债、或有资产等。企业应当提前考虑或有事项可能会给企业带来的风险，及时确认、计量或披露相关信息，如果符合负债的定义及确认条件则应及时予以确认。

1. 预计负债的确认条件

企业承担的与或有事项有关的义务如果同时满足以下三个条件，则可确认为一项预计负债。

预计负债确认的第一个条件是与或有事项有关的经济义务是企业在当前条件下已经承担的现时义务，企业没有其他选择，只能履行该现时义务。这里的义务既包括法定义务，又包括推定义务。法定义务是指因法律、合同规定而产生的企业必须履行的义务。推定义务是指法定义务之外的，因企业以往的习惯做法、已公开的承诺或已公开宣布的政策而产生的义务。推定义务已经以一种相当具体的方式传达给受影响的各方，使各方形成了企业将履行其责任的合理预期。

预计负债确认的第二个条件是履行该义务很可能导致经济利益流出企业。不确定事项根据其发生的可能性可以分为基本确定、很可能、可能和极小可能四种，从发生的概率来看，在实务中进行职业判断时，一般认为很可能的概率应大于 50%但小于或等于 95%。

预计负债确认的第三个条件是与该或有事项相关的现时义务的金额能够合理估计。因为或有事项产生现时义务的金额具有不确定性，因而需要估计。企业若要将或有事项确认为一项预计负债，则履行相关义务的金额应当能够合理估计。

只有或有事项产生的义务同时满足上述三个条件时，才能单独确认为一项预计负债。需要注意的是，预计负债要和应付账款、应计费用等负债项目严格区分。预计负债是一种履行经济义务的时间或金额具有一定不确定性的负债，而应付账款、应计费用等负债项目尽管有时需要估计具体支付的金额，但是其不确定性远远小于预计负债，因而应当作为应付账款或其他应付款的一部分进行列报，而预计负债则应当在资产负债表中单独列报。

2. 或有负债的披露规则

或有负债是指由过去的交易或事项形成的潜在义务，其存在需通过未来不确定事项的发生或不发生予以证实；过去的交易或事项形成的现时义务，履行该义务不是很可能导致经济利益流出企业或该义务的金额不能可靠计量。当或有事项产生的义务不能同时满足预计负债确认的三个条件时，则应当作为或有负债进行处理。例如，企业签订的债务担保合同，如果企业预计不是很可能发生经济利益的流出，则不能将该债务担保合同确认为预计负债，而属于或有负债。

作为或有负债，无论是来自潜在义务还是来自现时义务，均不符合预计负债的确认条件，因而或有负债不能确认为一项预计负债。但考虑财务报告使用者对信息的需求，企业一般情况下应当披露当期发生的或有负债的相关信息，主要披露内容包括以下几点。

（1）或有负债的种类及其形成原因。

（2）因或有负债产生的经济利益流出不确定性的说明。

（3）或有负债预计产生的财务影响及获得补偿的可能性。无法预计的，应当说明原因。

同时，为了保护企业的利益，当或有负债涉及未决诉讼、未决仲裁的情况下，如果企业认为披露全部或部分信息预期会对企业造成重大不利影响，则无须披露这些信息，但应当披露该未决诉讼、未决仲裁的性质，以及没有披露其他信息的事实和原因。此外，对于导致经济利益极小可能流出企业的或有负债无须披露。

随着或有负债形成因素的不断变化，或有负债对应的潜在义务可能会转化为现时义务，未来经济利益流出的可能性会增大，金额也能可靠地计量，此时或有负债就会转化为真正的负债，企业应当及时地将该或有负债确认为一项预计负债。

13.4 案例分析

（1）《企业会计准则第 13 号——或有事项》规定，确认预计负债的最佳估计数是在考虑当前各种信息的条件下做出的最优估计结果，具体确定时应当分以下两种情况处理。

① 所需支出存在一个连续范围，且该范围内各种结果发生的可能性相同，则最佳估计数应当按照该范围内的中间值确定，即按照上下限金额的算术平均数确定。

② 所需支出不存在连续范围，或者虽然存在一个连续范围，但在该范围内各种结果发生的可能性不相同。在这种情况下，要进一步考虑或有事项涉及单个项目还是多个项目。如果或有事项涉及单个项目，则最佳估计数按照最可能发生的金额确定；如果或有事项涉及多个项目，则最佳估计数按照各种可能结果及相关概率计算确定。

综上，MBFS 服饰 2021 年发生的或有事项一中，尽管 2021 年 12 月 31 日时该诉讼尚未判决，但是根据律师的估计，MBFS 服饰很可能败诉，估计赔偿金额为 50 万～70 万元，而且这个区间内每个金额的可能性都大致相同。因此，MBFS 服饰应当在年末按照估计范围的中间值 60 万元确认一项预计负债，同时在附注中进行披露，账务处理如下。

借：管理费用　　　　　　50 000

　　营业外支出　　　　　550 000

贷：预计负债——未决诉讼　　　　　　600 000

MBFS 服饰 2021 年发生的或有事项二中，由于 MBFS 服饰很可能因债务担保而承担连带责任，而且赔偿的金额能够合理地估计，因此 MBFS 服饰应当根据最有可能发生的金额 100 万元确认一项预计负债，账务处理如下。

借：营业外支出　　　　　　　　　　　　1 000 000

贷：预计负债——未决诉讼　　　　　　　　1 000 000

MBFS 服饰 2021 年发生的或有事项三中，尽管销售的 a 产品就单个产品来说，发生经济利益流出的可能性很小，但就总体而言，MBFS 服饰很可能会发生产品质量保证费用，而且金额可以根据各种可能的结果及相关概率合理地估计，因而 MBFS 服饰应当于销售产品的当期确认一项预计负债，同时确认一项销售费用，与当期的销售收入相配比。

产品质量保证的最佳估计数=2 000 000 ×（1% × 8%+3% × 2%）=2800（元）

借：销售费用　　　　　　　2 800

贷：预计负债　　　　　　　2 800

MBFS 服饰 2021 年发生的或有事项四中，由于原材料上涨导致生产 b 产品的成本超过合同单价，所以 MBFS 服饰与丙公司签订的销售合同变为亏损合同。

亏损合同是指履行合同义务时成本超过预期经济利益的合同。对因亏损合同而产生的预计负债的计量，应当反映企业退出该合同的最低成本，即履行该合同的亏损与未能履行该合同而发生的违约成本二者中的较低者。企业与其他单位签订的商品销售合同、劳务合同、租赁合同、等待执行合同，均可能因环境发生变化而转化为亏损合同。

销售每件 b 产品亏损 100 元，总亏损金额为 10 000 元（100 × 100）。而如果 MBFS 服饰不能按期交货支付的违约金金额为 32 000 元（100 × 1 600 × 20%）。MBFS 服饰应确认预计负债的金额为二者中的较低者 10 000 元。确认亏损合同产生的预计负债账务处理如下。

借：营业外支出　　　　　　　　　　10 000

贷：预计负债——亏损合同　　　　　　10 000

MBFS 服饰 2021 年发生的或有事项五中，该项担保不是很可能发生经济利益的流出，不属于预计负债，而是或有负债，只需在表外披露。

（2）一般情况下，负债的确认和偿还不影响企业的损益，也不会影响其纳税所得额，未来期间计算应纳税所得额时按照税法规定可予抵扣的金额为零，计税基础即为账面价值（负债的计税基础是指负债的账面价值减未来期间计算应纳税所得额时按税法可抵扣的金额）。但是，某些情况下，或有事项的确认可能会影响企业的损益，进而影响不同期间的应纳税所得额，使其计税基础与账面价值之间产生差额，如某些预计负债。由或有事项产生的预计负债会计入相关损益，但按税法规定，部分与预计负债相关的费用在实际发生时才允许税前扣除，从而导致计税基础与账面价值产生了差异。这种差异是由或有事项发生的时间与税收法规和会计准则确认时间的不一致造成的，叫作暂时性差异。在 MBFS 服饰 2021 年发生的或有事项三中，按照规定，企业应将预计提供售后服务发生的 2 800 元支出在销售当期确认为费用，同时确认为预计负债，这会减少当期损益。而税法规定，有关的支出应于实际发生时才能税前扣除，也就是说，在计算 2021 年当期应纳税所得额时，会计上虽然计入了当期损益，但税收上应将这 2 800 元加入会计利润（假设没有其他纳税调整）以作为基数计算所得税。未来期间此项费用实际发生时，会计上不再计入当期损益，而税收上则可以作为会计利润的减项计算所得税额。此外，还有一些预计负债，税法规定其支出无论是否实际发生均不允许税前扣除，未来期间可抵扣的金额为零。例如，MBFS 服饰 2021 年发生的或有事项二中，涉及一项担保诉讼案，估计很可能败诉，赔偿金额估计为 60 万元。税法规定担保涉诉额不得税前扣除。也就是说，未来期间此项费用发生时，会计上不再计入当期损益，税收上也不可以作为税前利润的减项计算所得税。

13.5 案例小结

企业应当提前考虑或有事项可能会给企业带来的风险，及时确认、计量或披露相关信息，如果符合负债的定义及确认条件则应当及时予以确认。

预计负债的计量需要对未来经济利益的流出金额做出合理的估计，以确定最佳估计数，并要考虑预期可能得到的补偿金额。或有事项产生的预计负债的确认，可能会影响企业的损益，进而影响不同期间的应纳税所得额，使其计税基础与账面价值之间产生差额。

第 14 章

KDXF 公司政府补助会计处理案例

14.1 案例背景

KDXF 股份有限公司（以下简称“KDXF 公司”）成立于 1999 年，总部位于安徽省合肥市，是亚太地区知名的智能语音和人工智能企业，2010 年 KDXF 公司在深交所挂牌上市。2019 年，安徽省工商联等三部门联合发布了《2019 安徽省上规模民营企业调研分析报告》，报告显示 KDXF 公司成为唯一上榜“纳税前十”的科技企业，KDXF 公司纳税总额在 2018 年安徽省民营百强企业中排名第 6 位。2021 年 10 月，合肥市发布《安徽上市公司发展报告（2021）》显示，截至 2020 年年底，安徽省 TOP30 上市公司总市值约为 6 000 亿元，KDXF 公司市值位列第二。

自 2010 年上市以来，KDXF 公司扣非净利润和净利润与计入非经常性损益的政府补助差额均为正。作为一家民营企业，KDXF 公司多年来的主要股东变动较小，上市初期，上海 GXKJ 发展有限公司与 LXTZ 有限公司为 KDXF 公司的大股东，KDXF 公司的创始人与 ZKD 资产经管有限责任公司为 KDXF 公司的主要控制人。2013 年，KDXF 公司引进 ZGYD 通信有限公司作为战略投资者。总的来讲，KDXF 公司与国有资本关系不大，是一家股权较为分散的民营企业。

KDXF 公司深耕语音行业多年，长期从事语音及语言、自然语言理解研究和软件及芯片产品开发，其人工智能技术研究、机器学习推理及自主学习等核心技术在国际上保持领先水平，在国内成为行业龙头。

KDXF 公司大力发展人工智能，并将人工智能与实体经济相结合，促进产业落地，人工智能行业如今正处在风口上，具有较大的政策红利，收到较多政府补助，具体如下。

1. 税收优惠

由于 KDXF 公司主营业务为软件服务，自 2010 年上市以来，KDXF 公司根据《关于鼓励软件产业和集成电路发展有关税收政策问题的通知》和《关于软件产品增值税政策的通知》先后两项规定，其销售自行开发生产的软件产品在按照法定税率征收增值税后，其增值税实际税负超过3%的部分实行即征即退，获得增值税退税收入。

在KDXF公司每年收到的政府补助中，增值税退税收入占很大一部分，而退税收入是与其日常经营相关的经常性损益项目。

2. 财政拨款

除退税收入外，KDXF 公司收到的政府补助大部分为财政拨款。政府和行业主管部门为落实国家产业发展战略，如智慧城市、人工智能、中国声谷等，向 KDXF 公司拨付了基础研究经费及重点项目专项经费。

KDXF公司收到的财政拨款中其中一小部分为与资产相关的政府补助，包括建设项目奖励资金、固定资产投资补贴、购房补助等；其余大部分为与收益相关的政府补助，包括国家科研开发项目资金、自主创新基金、专项经费、办学补助、人才补助等。

3. 财政贴息

KDXF公司仅在2011年获得来自合肥市国家科技创新型试点市工作办公室的财政贴息，该项政府补助仅为46.47万元。

4. 个税手续费返还

企业收到个税手续费返还不完全符合政府补助的定义，KDXF 公司将其作为政府补助列示。

KDXF公司自2010年上市以来的政府补助情况如表14-1所示。

表14-1 自2010年上市以来的政府补助情况

单位：万元

年份	退税收入	财政拨款	个税手续费返还	财政贴息	合计
2010	734.23	1 186.86	–	–	1 921.09
2011	1 286.51	2 071.16	–	46.47	3 404.14
2012	976.77	1 893.99	–	–	2 870.76
2013	1 384.47	3 624.01	–	–	5 008.48
2014	2 307.07	6 109.84	–	–	8 416.91
2015	2 977.32	8 198.20	–	–	11 175.51
2016	4 611.29	10 116.04	–	–	14 727.33
2017	5 696.08	11 025.93	–	–	16 722.00
2018	5 228.94	12 796.55	–	–	18 025.50
2019	7 212.67	7 705.96	–	–	14 918.63
2020	13 499.03	27 035.56	599.61	–	41 134.20
2021	20 838.15	50 958.11	661.03	–	72 457.29

从年度报告来看，KDXF公司对政府补助的会计处理如下。

一是计入当期损益的政府补助，根据相关会计准则，KDXF 公司在披露政府补助时将其在其他收益和营业外收入中进行列报，且都有递延收益摊销和直接计入当期损益部分。KDXF 公司递延收益转入当期损益的政府补助多数为企业收到的项目经费与地方产业补贴等，而直接计入当期损益的政府补助则包括退税收入、人才补助、办学经费和研发费用补助等多种类型。

退税收入、项目经费历年来在政府补助中占据较大份额，退税收入与项目经费整体数额上呈上升趋势，但两者在政府补助中的占比则保持在相对稳定的水平，退税收入占比保持在 30%～40%，项目经费为 20%～30%。在增长变动上，退税收入作为经常性损益的政府补助，增速相对稳定，而 KDXF 公司收到的政府补助大部分为非经常性损益的项目经费，其增速变动幅度则相对较大。

奖励补贴类型政府补助和办学补助在部分年份占比较重，历年政府补助中办学补助金额较不稳定。KDXF 公司从 2014 年开始参与 AHXXGC 大学办学，2015—2017 年教育相关的政府补助金额较多，且在政府补助总额中的占比较为稳定，2018 年之后 KDXF 公司收到的办学补助金额减少且随着 KDXF 公司其他类型政府补助的增多，办学补助金额在政府补助总额中的占比逐渐降低。奖励补贴类型政府补助在企业上市初期占有一定比例，大约维持在 10%，而上市五年后，奖励补贴类型政府补助减少，在政府补助总额中的比例微乎其微。近年来，KDXF 公司收到大量产业补贴、固定资产补贴等，奖励补贴类型政府补助在总额中占比激增。上市初期和近年来的奖励补贴类型政府补助的内容并不相同，上市初期以省市级的奖励为主，而近年来以创新建设资金补助为主。

研发补助具有较大的波动；个税手续费返还相关政府补助总体占比较低；其他类型的政府补助，即未详细披露的政府补助金额在 2019 年与 2021 年两年占比较高，分别为 14.95%和 6.27%，数额也较大，分别为 2 230 万元和 4 542 万元。

二是计入递延收益的政府补助。KDXF 公司上市初期收到的部分政府补助中，与资产相关的政府补助较少，大部分政府补助与收益相关。近两年，KDXF 公司获得大量与语音平台建设类和资产相关的政府补助，这些政府补助被确认为递延收益。涉及递延收益的政府补助大部分为产业平台建设资金、地区科创项目资金及新型系统研发资金等。

KDXF 公司根据《企业会计准则》，将收到的与收益相关的政府补助确认的递延收益，在确认相关成本费用或损失的期间，计入当期损益或冲减相关成本；与资产相关的递延收益转入当期损益，将按寿命平均分配方式改为以合理方式计入当期损益。递延项目转入当期损益的政府补助占当期政府补助总额较大一部分，且基本为非经常性损益。2019—2021 年 KDXF 公司收到的政府补助确认情况如表 14-2 所示。

表 14-2　2019—2021 年 KDXF 公司收到的政府补助确认情况

单位：万元

项目	2019 年	2020 年	2021 年
直接计入当期损益的政府补助	11 896.61	28 467.50	50 609.16
递延收益摊销转入的政府补助项目	3 022.02	12 666.70	21 848.13
当期政府补助总额	14 918.63	41 134.20	72 457.29

14.2 案 例 思 考

（1）请评价 KDXF 公司政府补助会计处理的合理性。

（2）政府补助会对 KDXF 公司的所得税处理产生影响吗？请举例说明。

14.3 知识点提示

2017 年，我国财政部门正式发布了修订《企业会计准则第 16 号——政府补助》相关通知，并于 2017 年 6 月开始全面实施。

相关变动如下：一是确定了政府补助的特征。政府为了有效帮助企业发展，进一步规划了政府对企业的经济帮扶，明确了包括政府补助及由政府主导的资金投资的相关内容与特征。政府提供的补助着重体现在政府经济资源来源和无偿性等方面。来源于政府的经济资源，不再强调是否从政府直接取得；无偿性的特征，将政府补助与政府购买服务、政府以投资者身份向企业投入资本的交易区分开来。二是新增会计科目及列报。修订后的准则确定了具体的政府补助计入损益的方法，允许企业从经济业务实际角度入手，和企业业务存在关联的政府补贴可以在企业的利润表里列报，并归入营业利润；和企业业务没有直接关联的补贴则应归入营业外收入。三是规范了会计业务处理，增加了净额法的账务处理方式。总额法主要是把政府补助全额确定为收益，而不是把补助确认为资产账面价值或成本费用等进行抵扣。而净额法则是冲减或补偿相关费用，更能反映特殊业务的经济实质。

企业收到的政府补助需要以合规方式进行处理，根据规定：与收益相关的政府补助中用于补偿企业已发生的相关成本费用或损失的，直接计入当期损益或冲减相关成本。从报表角度，直接计入当期损益的政府补助可以补偿企业当期成本费用，增加企业当期利润。与资产相关的政府补助及与收益相关的政府补助一部分应计入递延收益，在相关资产使用寿命内确认相关成本费用，或者在损失的期间按照合理、系统的方法分期转入当期损益或冲减相关成本。递延收益作为未来收益的一种，属于负债类科目，企业收到的应计入递延收益的政府补助对当期利润并无贡献，但作为一种待确认收入，受补助企业可以根据自身项目进展将其转入损益，以规划政府补助资金使用。

在政府补助的列报上，修订前的政府补助准则要求政府补助均计入营业外收入；修订后，企业根据经济业务实质将政府补助计入其他收益或营业外收支。与企业日常活动相关的政府补助，按照经济业务实质，计入其他收益；与企业日常活动无关的政府补助，计入营业外收支。

通常情况下，政府补助不具有可持续性，但计入其他收益的政府补助与日常经营活动相关，属于经常性损益；计入营业外收入的政府补助属于非经常性损益。计入其他收益的政府补助，如增值税退税收入，在企业主营业务不发生重大变化下可持续获得，具有一定的可持续性；但企业收到的项目经费、产业补贴、奖励资金等政府补助是否具有可持续性、是否属于经常性损益，则需要结合企业业务情况进行审慎判断。

与资产相关的政府补助可以采用总额法或净额法进行企业所得税的会计处理。《企业所得税法》指出，企业收到的财政性资金应计入收入总额，符合条件的允许作为不征税收入。不征税收入用于支出形成的费用、资产折旧、资产摊销，不得在税前扣除。《国家税务总局关于研发费用税前加计扣除归集范围有关问题的公告》（国家税务总局公告 2017 年第 40 号）规定，企业收到的研发费用相关政府补助，会计处理如果采用净额法且税务处理按照不征税收入确认，则研发费用按照冲减后的金额计算，加计扣除数。《企业会计准则》规定，企业取得政策性优惠贷款贴息分为两种情形：一种是财政部门将贴息资金拨付给贷款银行；另一种是财政部门将贴息资金直接拨付给企业。无论哪种情形，都只能采用净额法核算。

14.4 案例分析

（1）总体来讲，KDXF 公司关于政府补助的会计处理较为合理。但是，随着递延收益增加，会计报告使用者应重点关注企业在对收到的政府补助进行确认及递延收益中的政府补助转入损益时的准确性问题。

当前《企业会计准则》中关于政府补助信息披露的规定较少，企业获得的政府补助仅需列示相关项目、种类与金额。在 KDXF 公司上市初期，该公司年报中会主动披露政府补助文号和发文单位，之后仅进行最低程度的披露。此外，KDXF 公司政府补助中未详细披露的政府补助金额也逐渐增多，占比逐渐提高。

（2）政府补助会对 KDXF 公司的企业所得税处理产生影响。以 KDXF 公司收到固定资产政府补贴款为例，与资产相关的政府补助，若作为应税收入，则固定资产折旧可全额税前扣除；若作为不征税收入，则固定资产相当于政府补贴款部分折旧，不可税前扣除。综合来看，最终对应纳税所得额影响额合计为 0。企业获得的利益实际上为不征税收入的递延纳税时间价值。另外，与资产相关的政府补助，若作为应税收入，税法规定企业应在收到当期纳税，从而存在征税上的时间性差异，企业需要在会计上确认递延所得税；若作为不征税收入，则会计上不确认应税所得，无须纳税，从而不存在征税上的时间性差异，企业无须在会计上确认递延所得税。通过案例对比分析，总额法、净额法两种会计处理方式对应纳税所得额、递延所得税的账务处理，最终影响结果一致。

14.5 案例小结

由于市场经济发展的多元化，政府补助形式更加多样化，企业财务、业务会计处理也更为复杂，企业在进行会计处理实务时需要从自身实际出发，提高会计核算的全面性及精准性，及时披露相应的财政信息，以树立优良的企业形象。

第15章

ST公司非经常性损益盈余管理案例

15.1 案例背景

ST控股集团股份有限公司（以下简称“ST公司”）于2009年在深交所上市。公司业务主要有两部分，一是以生产、销售商用密码类产品为主的传统业务；二是以“速递易”智能快递箱为核心的创新型业务。

ST公司在2015年和2016年的净利润分别为–3 793万元和–13 000万元，均为净损失，因此于2017年4月28日收到“退市风险警示”。此后，公司通过处置非流动资产、资产重组等盈余手段进行利润操纵，使其在2017年成功实现净利润30 200万元，扭亏为盈。2018年5月9日，深圳证券交易所撤销了ST公司的“退市风险警示”，使ST公司成功保壳，公司股票更名为“ST控股”。

2015—2017年ST公司的主要财务数据如表15-1所示，其中营业收入、营业收入增长率、销售毛利率等主要数据在这三年中都呈现出下降的趋势，但是在2017年，净利润等数据因为盈余管理手段的原因，呈现出增长的态势。

表15-1　2015—2017年ST公司的主要财务数据

	2015	2016	2017
营业收入增长率/%	13.52	–27.12	–22.50
销售毛利率/%	35.04	16.60	14.59
营业收入/万元	142 629	103 945	80 554
营业成本/万元	92 654	86 686	68 801
销售费用/万元	35 116	49 156	22 933
管理费用/万元	13 492	16 958	10 086
财务费用/万元	6 048	7 854	3 018
资产减值损失/万元	1 052	69 480	10 355
净利润/万元	–3 793	–130 384	30 239
归属于上市公司股东的净利润/万元	–3 793	–130 384	30 239
归属于上市公司股东的扣除非经常性损益的净利润/万元	–6 535	–129 000	–48 067

ST公司进行非经常性损益盈余管理的主要手段如下。

1. 非流动资产处置

2017年，ST公司的非流动资产处置损益为18 860 809.87元，主要是因为ST公司转让了部分房产，以及处置了名为WLL网络信息技术有限公司（以下简称“WLL公司”）的全资子公司的部分非流动资产。ST公司旗下全资子公司WLL公司的主营业务是速递易智能快递箱业务。由于市场竞争加剧等导致其使用的储物柜类固定资产出现了被市场淘汰的情况，因此ST公司将这部分固定资产进行报废处理。同时，为增强公司的竞争能力，WLL公司对经营战略进行了调整与升级。由于业务的发展，部分软件类无形资产已不再适用升级后的经营战略需要，无法为公司提供长久的效益支持，因此将其归为无形资产处置损失。

2. 资产重组

在一般情况下，公司进行资产重组是为了能够根据双方的需求优化资源配置，升级自身产业结构。然而，由于我国退市制度，导致一些收到“退市风险警示”的上市公司更加倾向于利用资产重组调节与操控利润，从而达到扭亏为盈的目的。根据表15-1可知，ST公司2017年的当期净利润总额高达30 239万元，而归属于母公司所有者的扣除非经常性损益的净利润总额却是负数，为–48 067万元，中间相差的非经常性损益高达78 306万元。由此可知，2017年净利润之所以为正值，主要是因为非经常性损益的数额巨大。根据2017年年报数据，ST公司的投资收益为73 443万元，数额增长为2016年的23.52倍，占利润总额比例高达235.66%。从年报中我们不难发现，这些投资收益主要为公司转让部分WLL公司股权所产生的投资收益，以及公司闲置资金所产生的理财收益。其中，由于转让WLL公司股权所确认的投资收益高达47 784万元。此次交易不仅为ST公司带来了高额的投资收益，还使ST公司的规模保持稳定，不仅补充了短缺的资金流，还优化了产业结构，使公司的财务情况大幅改善，增强了ST公司的营运能力，因此在2017年实现扭亏为盈的良好现象。WLL公司财务数据如表15-2所示。

表15-2 WLL公司财务数据

单位：万元

	2015年	2016年	2017年1–3月
营业总收入	31 941	22 951	5 762
营业总成本	43 858	69 862	8 744
净利润	–13 691	–51 140	–1 922

由表15-2可知，WLL公司的经营情况不容乐观，究其主要原因还是速递易业务

的市场竞争逐年激烈，利润逐年减少，因此 WLL 公司转让一部分股权不仅能够及时止损，还能给 ST 公司带来很大的投资收益。

15.2 案例思考

（1）案例公司进行非经常性损益盈余管理的动机是什么？
（2）案例公司进行非经常性损益盈余管理的财务影响主要有哪些？

15.3 知识点提示

2008 年发布的《公开发行证券的公司信息披露解释性公告第 1 号——非经常性损益》中，将非经常性损益定义为“与公司正常经营业务无直接关系，以及虽与正常经营业务相关，但由于其性质特殊和偶发性，影响报表使用人对公司经营业绩和盈利能力做出正常判断的各项交易和事项产生的损益”。也就是说，就算这些交易都与公司正常经营的各项业务相关，一旦确认其在一定程度上会影响到该财务报表的使用者对公司经营业绩、营运管理能力等方面所需要做出的判断，被证实了其偶发性和特殊性，就会被纳入非经常性损益。不仅如此，《公开发行的证券的公司信息披露解释性公告第 1 号——非经常性效益》还扩充了一些新的内容，使越来越多的项目能够被清晰的界定。随着新标准的实施，盈余管理滥用的现象在一定程度上得到了缓解与治理，但是由于种种原因，还是有很多企业会通过各种方式来进行盈余管理。

盈余管理的主要含义就是公司的各级管理层在法定允许范围及《企业会计准则》允许范围内，为了能够同时保证自身利益的最大化及企业价值的最大化，通过运用各种会计核算手段，对以日常经营活动业绩为主要核算依据的会计信息进行“加工”处理，以此达到既定目的，且在资本市场、银行信贷、税收资金缴纳、报酬红利激励等各个环节过程中都可以取得既得利益的一种行为。

15.4 案例分析

1. 案例公司进行非经常性损益盈余管理的动机

案例公司进行非经常性损益盈余管理的主要动机是连续两年亏损导致其收到“退市风险警示”。为了达到避免退市的目的，ST 根据公司实际情况进行了一系列的盈余管理。由表 15-1 可知，2015—2016 年，ST 公司连续两年有较高的净损失。2015 年的营业收入较高，主要是因为 WLL 公司中的速递易业务发展良好。然而，由于 WLL 公司在投放的速递易快递柜业务中，出现硬件淘汰的情况，导致资金方面出现了短缺，因此不能对 ST 公司的营业收入产生持续增长的影响。总体而言，ST 公司的营业收入呈现逐渐减少的趋势，因此该公司选择在 2017 年进行非经常性损益盈余管理。

2. 案例公司进行非经常性损益盈余管理的主要财务影响

（1）盈利能力分析如表 15-3 所示。

表 15-3 盈利能力分析

	2014	2015	2016	2017	2018	2019
总资产净利润率	0.041 1	−0.007 8	−0.223 9	0.070 8	−0.059 4	0.014 9
流动资产净利润率	0.056 1	−0.011 6	−0.372 9	0.128 0	−0.099 6	−0.034 2
固定资产净利润率	0.246 0	−0.027 7	−1.024 8	0.412 4	−1.503 2	0.084 8
净资产收益率	0.075 4	−0.012 5	−0.346 7	0.093 2	−0.065 3	0.026 1
营业利润率	0.040 2	−0.057 0	−1.195 2	0.508 4	−0.345 9	−0.049 4
营业净利率	0.075 7	−0.026 6	−1.254 3	0.375 4	−0.303 4	0.044 1

在经过一系列的盈余管理手段后，ST 公司在 2017 年成功扭亏为盈。但是从表 15-3 的数据来看，盈余管理所产生的效果只是短期的，之后几年的流动资产运用效率都不尽如人意。由此可以看出，盈余管理只能在短期内提升净利润，对企业长期发展的盈利能力提升并没有显著效果。

（2）发展能力指标分析如表 15-4 所示，ST 公司的主营业务收入从 2016 年开始逐年下降，主营业务收入增长率也一直是负数。这主要是因为 2016 年公司的传统业务金融电子设备及安防业务方面，市场日渐饱和，对手增多，竞争激烈，由此导致业务板块带来的利润减少。与此同时，公司重点发展的明星业务——速递易业务收入减少，又因为整体设备进行折旧处理，运营费用增加，使其营业成本和费用大大提高。收入减少，费用增加，导致公司从 2016 年开始，净利润迅速减少。

表 15-4 发展能力指标分析

	2013	2014	2015	2016	2017	2018
主营业务收入/万元	89 836	125 637	142 629	103 945	80 554	71 690
主营业务收入增长率		0.3985	0.1352	−0.2712	−0.2250	−0.1100
净利润/万元	8 722	9 506	−3 793	−130 384	30 239	−21 748
净利润增长率		0.0898	−1.3990	33.3767	−1.2319	−1.7192

总体来看，公司近几年的整体经营状况并不是很好，虽然在 2017 年运用了一系列的盈余手段，转让了 WLL 公司的股权，也获得了不少的投资收益，成功摘帽。但是，从近几年的年报财务数据来看，公司的主营业务并不能带来高利润，ST 公司的核心竞争能力并没有因此而得到提高，还是有很大可能会被再次警示退市。

15.5 案例小结

上市公司在经营不善时非常容易利用盈余管理，尤其是利用非经常性损益进行利润方面的操纵，特别是被风险警示过的上市公司，由于其迫切需要摆脱风险警示，以消除不利影响，其进行盈余管理的意图会更加强烈与迫切。然而，类似于 ST 公司这种利用非经常性损益来操纵利润以达到保壳目的的上市公司，其可持续经营能力往往难以为继。因此，利用非经常性损益进行盈余管理只是一种规避退市的手段，而不能从根本上改善公司经营业绩，上市公司应谨慎利用该手段。

参 考 文 献

[1] 王强. 信息系统审计常用方法[J]. 审计月刊，2011（11）：34-35.

[2] 鲁海波. 企业内部控制体系中信息系统审计的内容和方法[J]. 中国内部审计，2010（08）：58-61.

[3] 俞进福. 试论信息系统审计的关键技术[J]. 闽江学院学报，2007（02）：79-83.

[4] 张茂燕. 论我国的信息系统审计[D]. 厦门大学，2005.

[5] 王振武. 信息系统审计技术研究[J]. 东北财经大学学报，2009（04）：21-24.

[6] 王晓茜. 信息系统审计探析[J]. 财会通讯，2004（06）：13-16.

[7] 刘立彦. 关于开展信息系统审计的研究[J]. 中国管理信息化，2017，20（12）：27-28.

[8] 吴晓东. 信息系统审计问题研究[J]. 信息工程研究，2009，19（02）：95-98.

[9] 刘杰. 信息系统审计理论与审计规范文献述评[J]. 财会通讯，2016（34）：32-37.

[10] 陈耿. 网络环境下信息系统审计的职能与类型[J]. 南京审计学院学报，2012，9（01）：45-50.

[11] 杜鼎. 我国信息系统审计准则研究[D]. 中国财政科学研究院，2016.

[12] 庄明来. 计算机审计与信息系统审计之比较[J]. 会计之友，2010（05）：82-85.

[13] 邓耀祖. 信息技术环境下财务审计与信息系统审计的异同[J]. 现代经济信息，2016（14）：208.

[14] 古宏健. 浅谈信息系统审计师主要工作与审计类型[J]. 大科技，2012（11）：2.

[15] 胡晓明. 信息系统审计理论体系的构建[J]. 中国注册会计师，2006（06）：68-69.

[16] 李健. 信息系统审计研究[J]. 中国证券期货，2010（12）：110-111.

[17] 张静，余建坤，林明辉，等. 信息系统审计方法与技术[J]. 全国商情，2012（01）：41-43.

[18] 吴晓东. 信息系统审计问题研究[J]. 信息工作研究，2009，19（02）：95-98.

[19] 汪阳轮，但强. 我国信息系统审计问题分析[J]. 信息技术与标准化，2016（08）：36-40.

[20] 陈耿. 信息系统审计专业建设与人才培养研究[J]. 中国科教创新导刊，2010（35）：194-195.

[21] 李琼. 商业银行信息系统安全审计研究[D]. 首都经济贸易大学，2018.

[22] 孟大耿. 商业银行信息系统的风险与审计研究[J]. 中国商界，2009（08）：56-57.

[23] 汪琛. 基于 COBIT 的商业银行 IT 审计研究[D]. 中国海洋大学，2014.

[24] 马乐飞. 信息系统审计研究[J]. 理财，2013（08）：75-77.

[25] 张妍. 信息系统审计方法研究[J]. 审计月刊，2010（11）：18-19.

[26] 白星晓. 信息系统审计的主要内容和方法以及存在的问题和对策[J]. 现代经济信息，2012（01）：178.

[27] 张喆瑜. 信息系统审计的基本理论、方法、过程的浅析[J]. 科技信息，2012（09）：102+82.
[28] 茆敏. 浅议信息系统审计风险[J]. 中国管理信息化，2016，19（01）：39-41.
[29] 侯乔波. 加强信息系统审计风险控制的若干思考[J]. 现代国企研究，2016（18）：197+199.
[30] 薛富平. 信息系统审计风险[J]. 财会研究，2007（03）：65-66.
[31] 孙晶. 浅谈信息系统审计风险与控制[J]. 中国管理信息化，2012，15（22）：18-19.
[32] 樊沙沙. 信息系统审计风险应对策略研究[J]. 对外经贸，2017（08）：158-160.
[33] 郝晓玲，胡克瑾. 信息系统审计的体系框架初探[J]. 同济大学学报：社会科学版，2003，14（5）：6.
[34] 何云海. 浅议信息系统审计的特点[J]. 会计师，2013（05）：46-47.
[35] 左丹. 大数据环境下的信息系统审计研究[D]. 广东财经大学，2019.
[36] 王琪. 我国信息系统审计理论架构研究[D]. 安徽财经大学，2014.
[37] 时宝军. 关于信息系统审计内容、程序及方法的探讨[J]. 中小企业管理与科技，2015（06）：223.
[38] 申亚君. 信息系统审计中计算机审计的应用[J]. 数字技术与应用，2019，37（12）：59-60.
[39] 王睛. 小议计算机信息系统审计技术[J]. 内蒙古科技与经济，2008（08）：56-57.
[40] 魏文婷，李群. 计算机审计在信息系统审计中的应用[J]. 中国内部审计，2012（09）：69-71.
[41] 丁业豪. 信息系统审计的发展过程和完善建议[J]. 财经界，2012（18）：242-243.
[42] 汪振纲. 企业信息系统审计实施研究[J]. 财会学习，2014（06）：37-40.
[43] 黄力. 基于 COBIT 的信息系统审计流程设计研究[D]. 南京大学，2014.
[44] 刘芳，柳燕. 信息系统审计模式初探[J]. 审计月刊，2016（08）：25-26.
[45] 张磊. 基于 COBIT 的中国人寿信息系统审计框架设计研究[D]. 浙江大学，2013.
[46] 张玉芹，夏孝静. 论计算机信息系统舞弊审计的分类与解决[J]. 中国管理信息化，2011，14（18）：46-47.
[47] 陈义生. 信息系统审计初探实例[J]. 审计与理财，2013（05）：15-16.
[48] 张静，余建坤，吴绍吉，等. 信息系统绩效审计方法[J]. 全国商情（理论研究），2011（Z4）：29-31+43.
[49] 王小利. 信息系统审计评价模式分析[J]. 审计月刊，2011（08）：15-16.
[50] 付玥. 企业内部信息系统审计的绩效评价研究[D]. 南京审计大学，2018.
[51] 刘茜睿. B 企业信息系统审计研究[D]. 首都经济贸易大学，2018.
[52] 王小山. 基于 COBIT5.0 的商业银行信息系统审计研究——以 A 银行为例[D]. 浙江工商大学，2017.
[53] 陈耿. 网络环境下信息系统审计的职能与类型[J]. 南京审计学院学报，2012，9（01）：45-50.
[54] 毕婷婷. IT 审计与财报审计的深度融合探讨[J]. 中国集体经济，2019（21）：53-54.
[55] 刘杰. 信息系统审计质量控制准则研究[J]. 财会通讯，2011（13）：138-140.
[56] 魏森森，庄明来. 论信息化内部控制审计与信息系统审计[J]. 财会通讯，2012（19）：18-20.
[57] 刘杰. ISACA 信息系统审计基本准则解读[J]. 财会通讯，2014（34）：105-107.

[58] 刘杰，黄忠莉. 我国信息系统审计规范制定的组织际资源整合[J]. 财会月刊，2013（14）：102-105.
[59] 刘杰. 我国信息系统审计准则构建研究[J]. 财会月刊，2014（17）：43-47.
[60] 王会金. 论信息系统审计准则在我国的需求与发展[J]. 南京审计学院学报，2012，9（06）：1-7.
[61] 石爱中. 信息系统审计实务[M]. 北京：中国时代经济出版社，2012.
[62] 陈耿. 信息系统审计、控制与管理[M]. 北京：清华大学出版社，2014.
[63] 张金城. 信息系统审计[M]. 北京：清华大学出版社，2009.
[64] 陈耿，王万军. 信息系统审计[M]. 北京：清华大学出版社，2009.
[65] 审计署审计科研所. 信息系统审计内容与方法[M]. 北京：中国时代经济出版社，2008.
[66] 李鸣，张旸旸，蔡震宇. IT 治理标准研究[J]. 信息技术与标准化，2016（03）：29-33.